국제 지오지브라 연구소 공인

지오지브라 시리즈 7

▪ 무료 수학–과학 소프트웨어

지오지브라 명령어
실행가이드북

GeoGebra

최경식 • 권태률 지음

KYOWOOSA 교우사

머리말

2008년에 지오지브라의 한글화가 이루어진 후 지오지브라는 점차적으로 우리나라의 수학교육 현장에 확산되어 왔다. 지오지브라는 오픈소스 수학 소프트웨어로 수학을 탐구하고자 하는 모든 사람에게 무료로 제공되고 있으며 다양한 기기[1]에서 동일한 환경으로 사용할 수 있다. 특히 우리나라에서 지오지브라의 확산은 학교 현장의 수학 교사에 의해 자발적으로 이루어졌으며 2011년에 설립된 지오지브라 연구소[2]는 지오지브라 사용법에 관한 연수, 워크샵, 학회를 개최하여 수학 교사 및 수학교육 연구자에게 지오지브라에 대한 정보를 제공해왔다.

지오지브라가 우리나라의 수학교육 연구자와 교사, 학생들에게 환영받는 이유는 단지 무료이기 때문은 아니다. 전 세계적으로 상당한 수의 무료 수학 소프트웨어가 이미 존재하기 때문에 단지 경제적인 이유만으로 지오지브라가 학교 현장에 파고들었다고 보기는 어렵다. 기존의 동적 기하 소프트웨어는 도형을 다루기 위해 GUI(Graphic User's Interface)[3]를 주로 사용하였다. 물론 지오지브라에서도 풀다운 메뉴와 문맥 메뉴, 도구상자를 제공하고 있으며 이를 활용하여 다양한 동적 기하 구성물을 완성할 수 있다. 하지만 지오지브라는 기존의 동적 기하 소프트웨어와는 다른 인터페이스인 입력창을 제공하고 있다. 이는 CAS(Computer Algebra System)에서 유래한 것으로 수식이나 명령을 입력할 수 있으며 지오지브라에서 그 결과를 시각적으로 확인할 수 있다. 지오지브라는 직관적인 동적 기하(Dynamic Geometry Software)를 포함하면서 동시에 수식을 자연어로 풀어내듯 사용할 수 있는 명령어를 내장하고 있기 때문에 $\sum_{n=1}^{10} 2n$ 과 같은 수식을 지오지브라에서 `합[ 2n , n , 1 , 10 ]` 과 같이 입력할 수 있다. 이처럼 수식을 수학 용어로 전환하여 명령어로 입력할 수 있기 때문에 이를 사용하고자 하는 사람은 기호의 의미를 새겨 수학 용어로 전환하기만 하면 된다.

지오지브라는 간결한 인터페이스와는 달리 수학이나 통계를 대학에서 전공한 사람만이 다룰만한 수학 개념을 담고 있는 명령을 내장하고 있으나 이에 대하여는 많이 알려지지 않았다. 단지 지오지브라가 기존의 다른 소프트웨어가 구현했던

[1] Android, iOS, Windows, Linux, Chorme 등

[2] GeoGebra Institute of KNUE, GeoGebra Institute of KSTM

[3] 풀다운 메뉴(Pull-down menu), 문맥 메뉴(Context menu), 아이콘(Icon)

정도의 기능만을 포함하고 있을 것이라 짐작하는 사람들이 많았다. 이에 대하여 안타깝게 생각하여 누구나 지오지브라의 기능을 충분히 활용할 수 있도록 지오지브라의 명령어를 정리하여 출판하기에 이르렀다. 출판을 위해 원고를 작성하는 과정에서도 계속하여 새로운 기능이 생겨나고 있어 원고를 작성하는데 많은 어려움이 있었다.

이 책은 손쉽게 명령어를 찾아볼 수 있도록 각 기능별로 명령어를 분류하여 제시하고 있으며 영어 명령어를 선호하는 사용자를 위해 찾아보기에서 영어 명령어를 색인으로 제공하고 있다.

지오지브라는 수학적인 개념을 배우고 가르치는 데 불필요한 부분을 제거하고 가장 효율적이며 인상적이도록 진화하고 있다. 이 모든 과정은 본래 지오지브라의 개발자인 마르쿠스 호헨바터로부터 시작했지만 지금은 전 세계 모든 사람에게 수학의 아름다움을 알 수 있도록 하고자 하는 모든 자원자에 의해 이루어지고 있다. 이 책은 그와 같은 노력의 작은 부분이라고 할 수 있다.

이 책과 지오지브라를 통해 여러분이 수학의 아름다움을 느낄 수 있기를 바란다.

2015년 4월 12일
저자 일동

차 례

1. 3D 명령어

각기둥(Prism)

문법

- 각기둥[다각형 , 점 , ...]
  각기둥[다각형 , 높이]
  각기둥[점 , 점 , ...]

기능

- 각기둥을 생성한다.

예

1. 삼각형 ABC를 밑면으로 하고 윗면의 한 점 D를 갖는 각기둥을 생성한다.

   각기둥[A , B , C , D]

2. 다각형1을 밑면으로 하고 높이가 3인 각기둥을 생성한다.

   각기둥[다각형1 , 3]

   [실행결과]

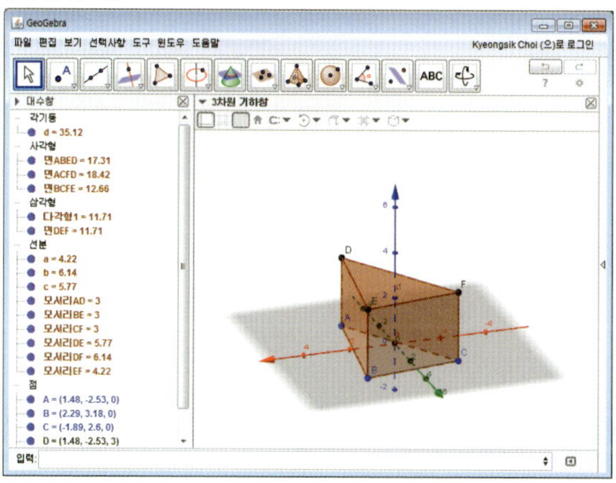

곡면(Surface)

문법

- 곡면[표현식 , 표현식 , 표현식 , 매개변수 1 , 시작값 , 끝값 , 매개변수 2 , 시작값 , 끝값]

기능

- 곡면을 생성한다.

예

1. 토러스를 생성한다.

곡면[(R + r cos(u)) cos(v) , (R + r cos(u)) sin(v) , r sin(u) , u , 0 , 2 pi , v , 0 , 2 pi]

[실행결과]

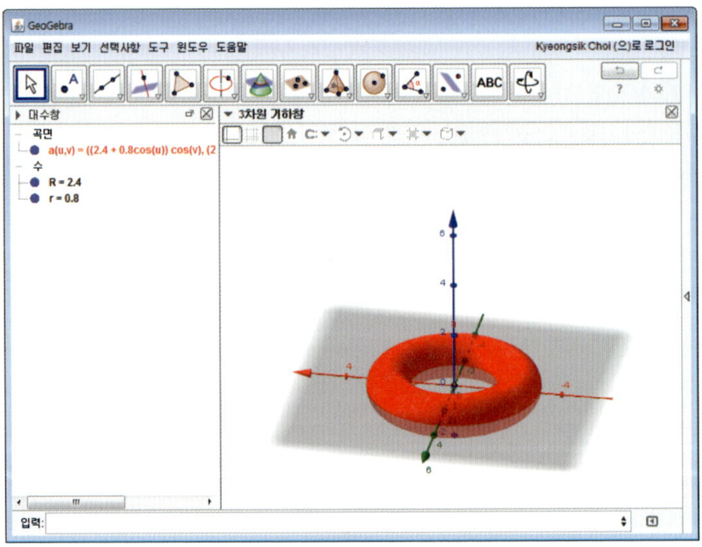

교차이차곡선(IntersectConic)

문법

- 교차이차곡선[평면 , 이차식]
  교차이차곡선[이차식 , 이차식]

기능

- 평면과 곡면, 곡면과 곡면의 교차 이차곡선을 생성한다.

예

1. 구 a와 구 b가 교차되어 나타나는 원을 생성한다.

   교차이차곡선[a , b]

   [실행결과]

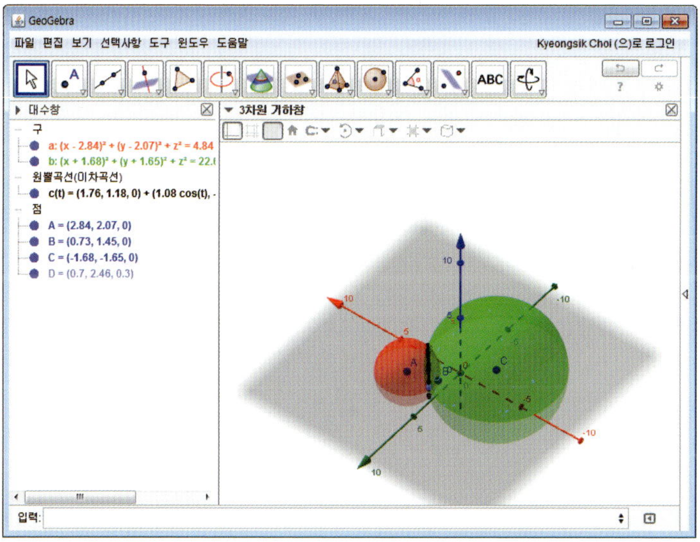

구(Sphere)

문법

- 구[점 , 반지름]
  구[점 , 점]

기능

- 구를 생성한다.

예

1. $x^2 + y^2 + z^3 = 3$을 생성한다.

   구[(0,0,0),(1,1,1)]

   [실행결과]

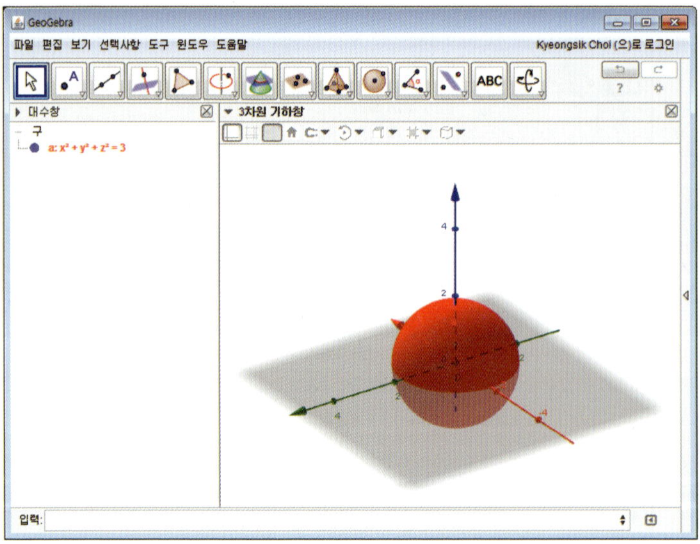

높이(Height)

문법

- 높이[입체]

기능

- 입체도형의 높이를 구한다.

다각뿔(Pyramid)

문법

- 다각뿔[다각형 , 점]
  다각뿔[다각형 , 높이]
  다각뿔[점 , 점 , 점 , 점 , …]

기능

- 다각뿔을 생성한다.

예

1. 삼각형 ABC를 밑면으로 하고 꼭짓점을 D로 하는 다각뿔을 생성한다.

   다각뿔[A , B , C , D]

2. 다각형1을 밑면으로 하고 꼭짓점을 A로 하는 다각뿔을 생성한다.

   다각뿔[다각형1 , A]

3. 다각형1을 밑면으로 하고 높이가 3인 다각뿔을 생성한다.

```
다각뿔[ 다각형1 , 3 ]
```

[실행결과]

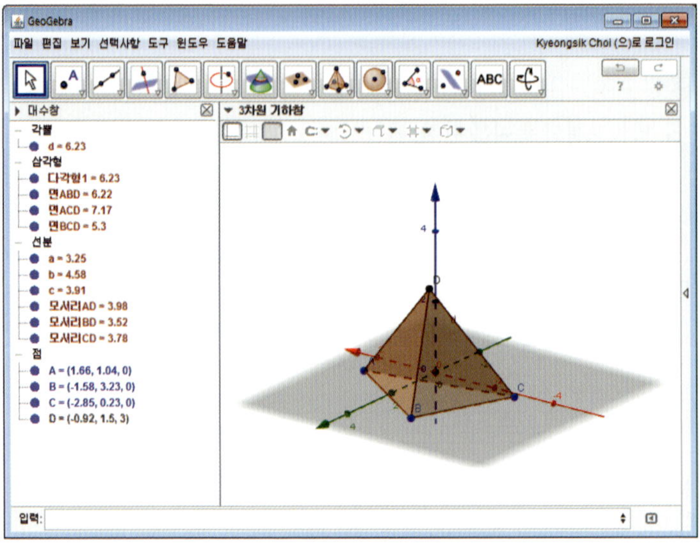

무한원기둥 (InfiniteCylinder)

문법

- 무한원기둥 [직선 , 반지름]
  무한원기둥 [점 , 벡터 , 반지름]
  무한원기둥 [점 , 점 , 반지름]

기능

- 무한원기둥을 생성한다.

예

1. 반지름이 2이고 x축을 대칭축으로 하는 무한원기둥을 생성한다.

무한원기둥 [x축 , 2]

[실행결과]

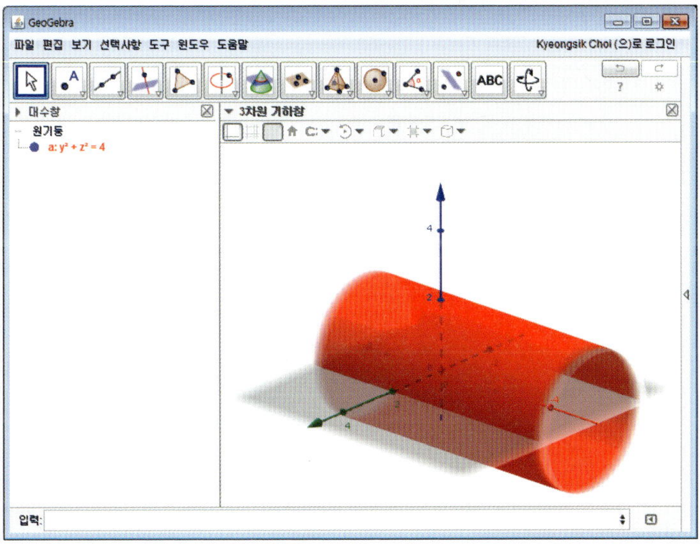

무한원뿔(InfiniteCone)

문법

- 무한원뿔[점 , 벡터 , 각]
  무한원뿔[점 , 점 , 각]
  무한원뿔[점 , 직선 , 각]

기능

- 무한원뿔을 생성한다.

예

1. 점 A가 꼭짓점이고 축은 x축과 평행하며, 축과 모선의 각이 45° 인 무한원뿔을 생성한다.

   무한원뿔[A , x축 , 45°]

   [실행결과]

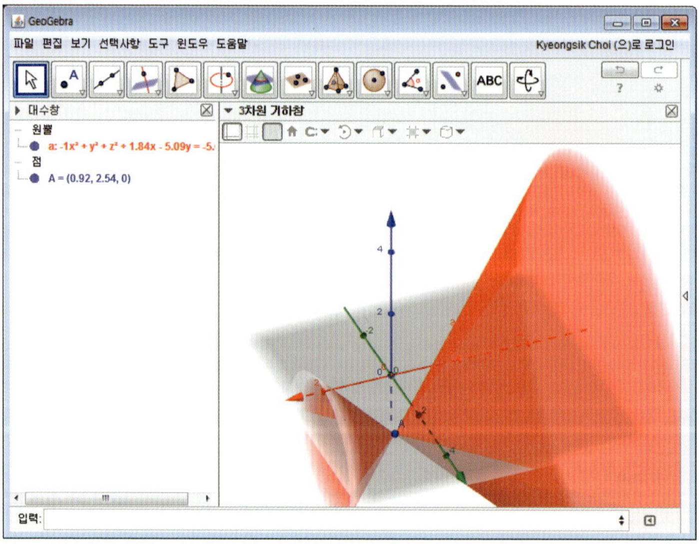

밑면(Bottom)

문법

- 밑면[2차식]

기능

- 입체도형의 밑면을 구한다.

예

1. 원기둥 a의 밑면을 구한다.

```
밑면[ a ]
```

[실행결과]

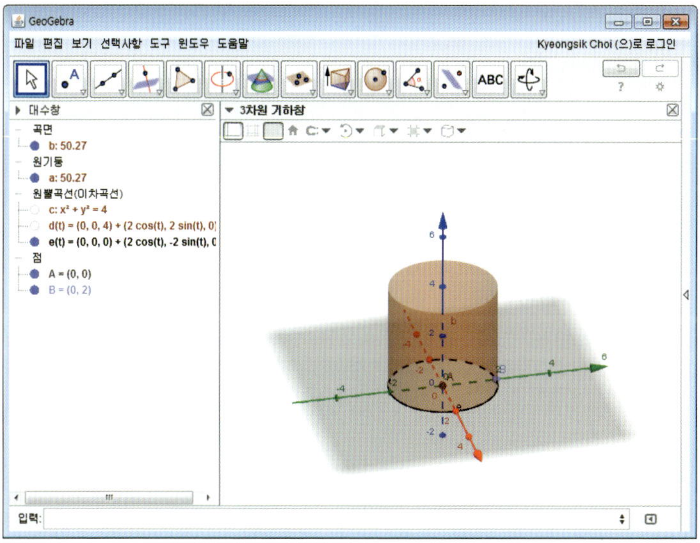

부피 (Volume)

문법

- 부피 [입체]

기능

- 입체도형의 부피를 구한다.

수직평면 (PerpendicularPlane)

문법

- 수직평면 [점 , 직선]
  수직평면 [점 , 벡터]

기능

- 수직평면을 생성한다.

예

1. 점 A를 지나며 직선 a에 수직인 평면을 생성한다.

   수직평면 [A , a]

   [실행결과]

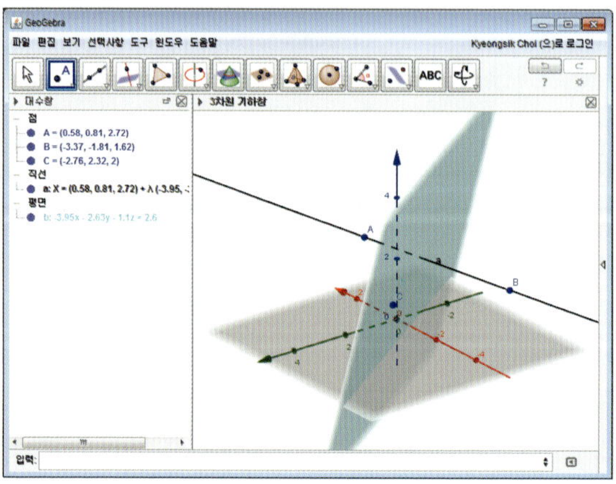

양끝(Ends)

문법

- 양끝[2차식]

기능

- 입체도형의 양끝을 구한다.

예

1. 양끝[a]

[실행결과]

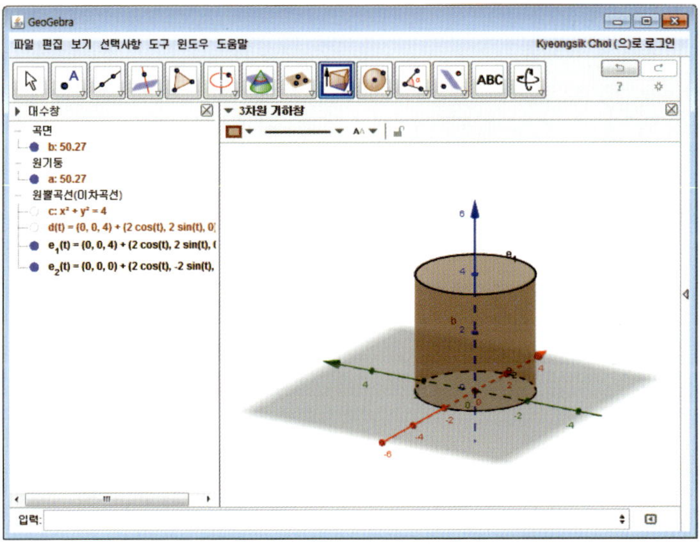

옆면(Side)

문법

- 옆면[이차식]

기능

- 입체도형의 옆면을 구한다.

예

1. 원기둥 a의 옆면을 구한다.

옆면[a]

[실행결과]

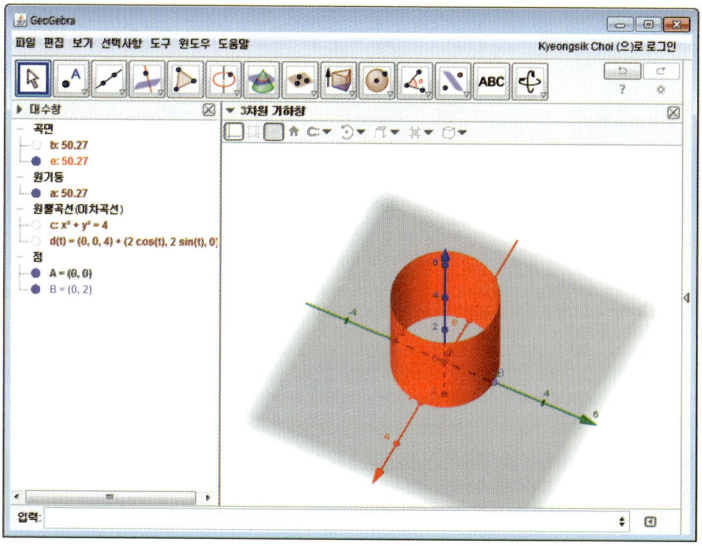

원기둥(Cylinder)

문법

- 원기둥[원 , 높이]
  원기둥[점 , 점 , 반지름]

기능

- 원기둥을 생성한다.

예

1. 원 c가 밑면이며 높이가 4인 원기둥을 생성한다.

```
원기둥[ c , 4 ]
```

[실행결과]

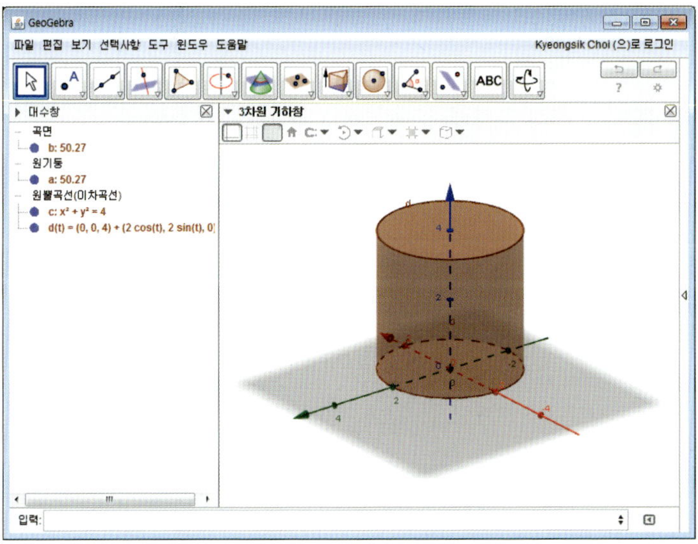

원뿔 (Cone)

문법

- 원뿔 [원 , 높이]
  원뿔 [점 , 점 , 반지름]
  원뿔 [점 , 벡터 , 각]

기능

- 원뿔을 생성한다.

예

1. 원 c가 밑면이며 높이가 4인 원뿔을 생성한다.

```
원뿔 [ c , 4 ]
```

[실행결과]

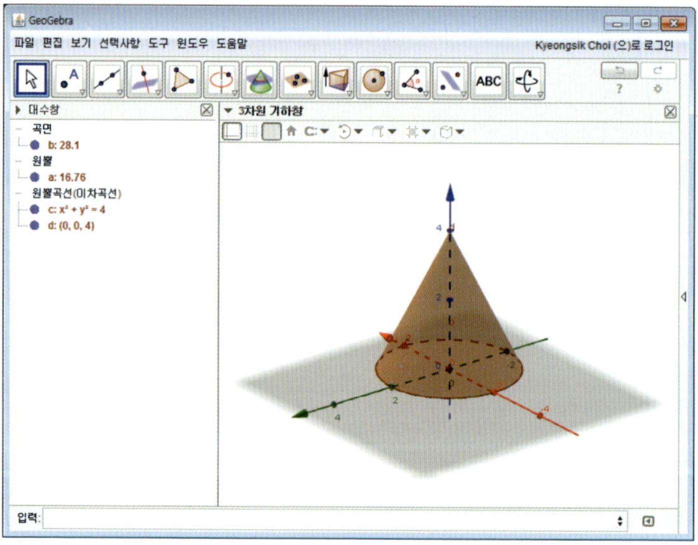

윗면(Top)

문법

- 윗면[2차식]

기능

- 입체도형의 윗면을 구한다.

예

1. 원기둥 a의 윗면을 구한다.

윗면[a]

[실행결과]

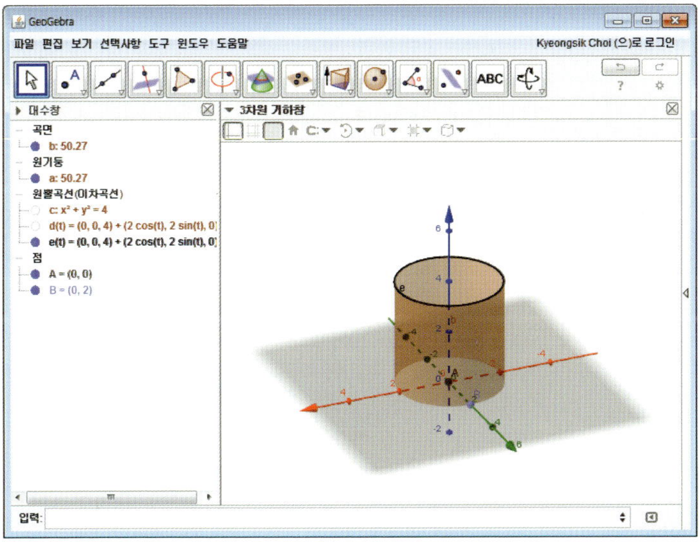

이등분평면(PlaneBisector)

문법

- 이등분평면[선분]
  이등분평면[점 , 점]

기능

- 이등분평면을 생성한다.

예

1. 선분 a의 이등분평면을 생성한다.

   이등분평면[a]

   [실행결과]

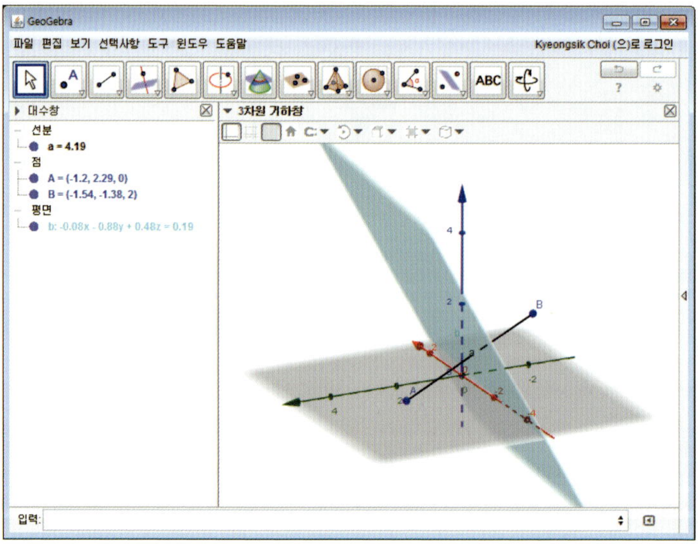

전개도(Net)

문법

- 전개도[다면체 , 수]
전개도[다면체 , 수 , 면 , 변 , 변 , ...]

기능

- 입체도형의 전개도를 생성한다.[1]

예

1. 다면체 d의 50% 열린 전개도를 생성한다.

전개도[d , 0.5]

[실행결과]

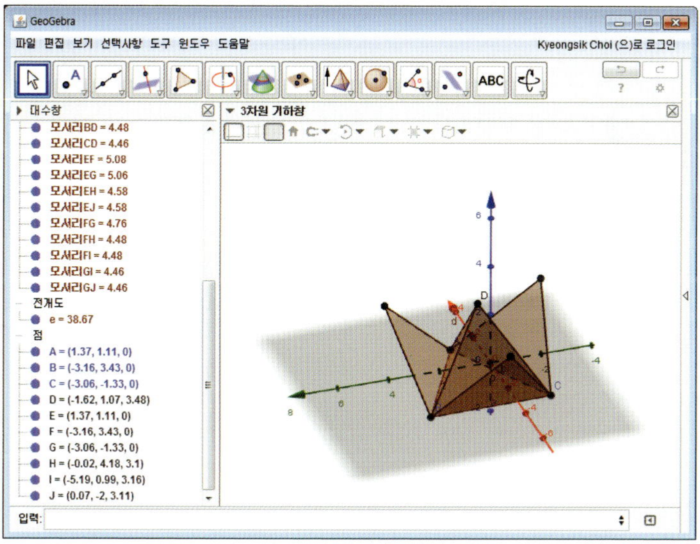

[1] http://ggbtu.be/m136596

정12면체(Dodecahedron)

문법

- 정12면체[점 , 점]
  정12면체[점 , 점 , 점]
  정12면체[점 , 점 , 방향]

기능

- 정12면체를 생성한다.

예

1. 선분 AB를 한 변으로 하는 정12면체를 생성한다.

   정12면체[A , B]

   [실행결과]

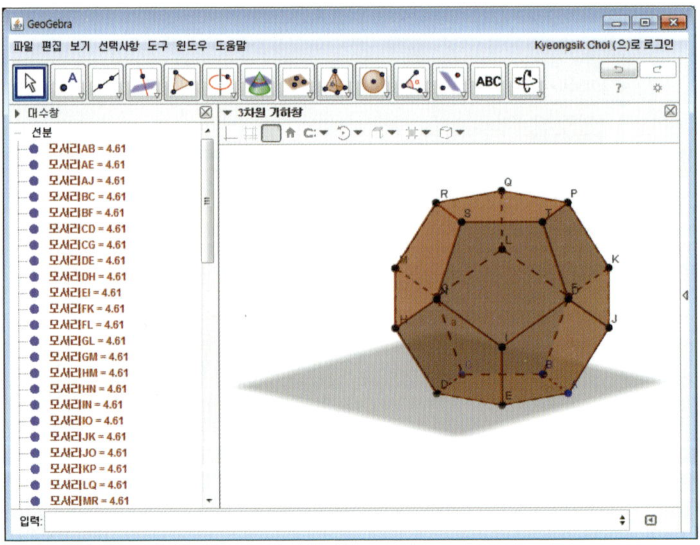

정20면체(Icosahedron)

문법

- 정20면체[점 , 점]
  정20면체[점 , 점 , 점]
  정20면체[점 , 점 , 방향]

기능

- 정20면체를 생성한다.

예

1. 선분 AB를 한 변으로 하는 정20면체를 생성한다.

```
정20면체[ A , B ]
```

[실행결과]

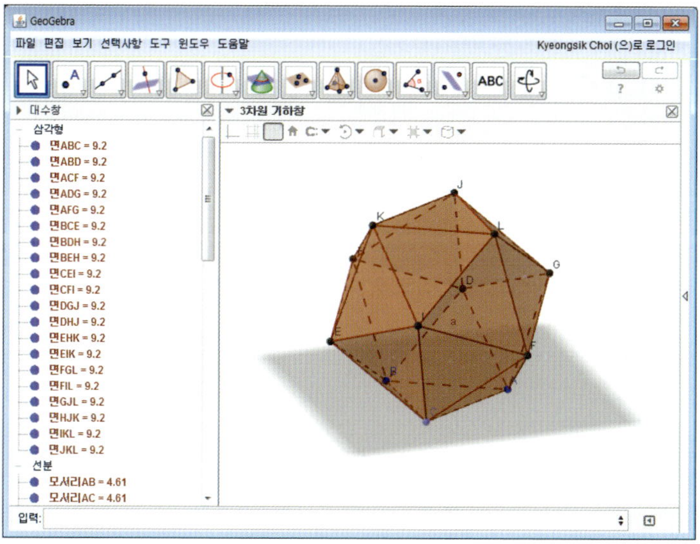

정4면체(Tetrahedron)

문법

정4면체[점 , 점]
정4면체[점 , 점 , 점]
정4면체[점 , 점 , 방향]

기능

- 정4면체를 생성한다.

예

1. 선분 AB를 한 변으로 하는 정4면체를 생성한다.

정4면체[A , B]

   [실행결과]

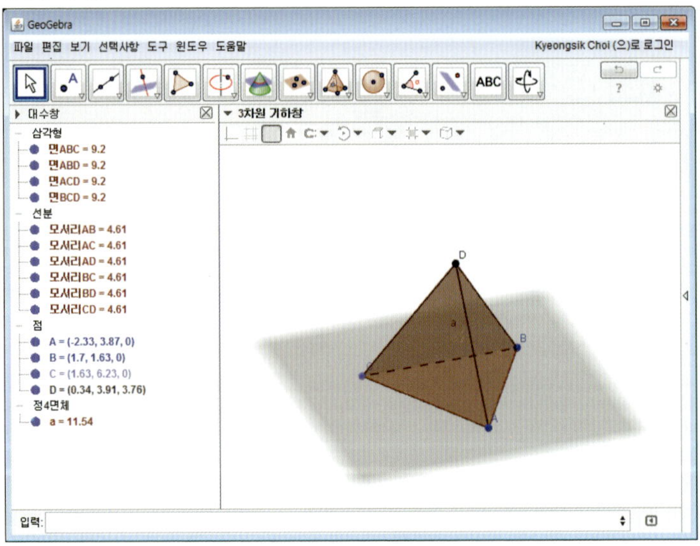

정6면체(Cube)

문법

- 정6면체[점 , 점]
정6면체[점 , 점 , 점]
정6면체[점 , 점 , 방향]

기능

- 정6면체를 생성한다.

예

1. 선분 AB를 한 변으로 하는 정6면체를 생성한다.

```
정6면체[ A , B ]
```

[실행결과]

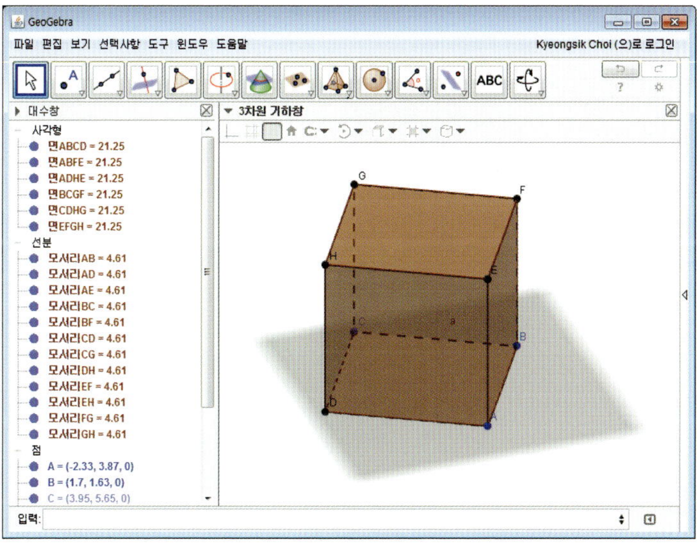

정8면체(Octahedron)

문법

정8면체[점 , 점] 정8면체[점 , 점 , 점] 정8면체[점 , 점 , 방향]

기능

- 정8면체를 생성한다.

예

1. 선분 AB를 한 변으로 하는 정8면체를 생성한다.

정8면체[A , B]

[실행결과]

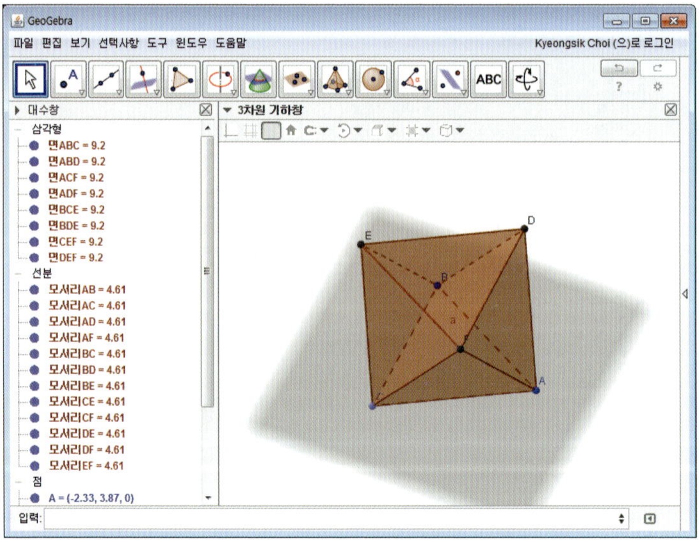

평면(Plane)

문법

- 평면[다각형]
  평면[이차곡선]
  평면[점 , 평면]
  평면[점 , 직선]
  평면[직선 , 직선]
  평면[점 , 점 , 점]

기능

- 평면을 생성한다.

예

1. 점 A, B, C를 지나는 평면을 생성한다.

   평면[A , B , C]

   [실행결과]

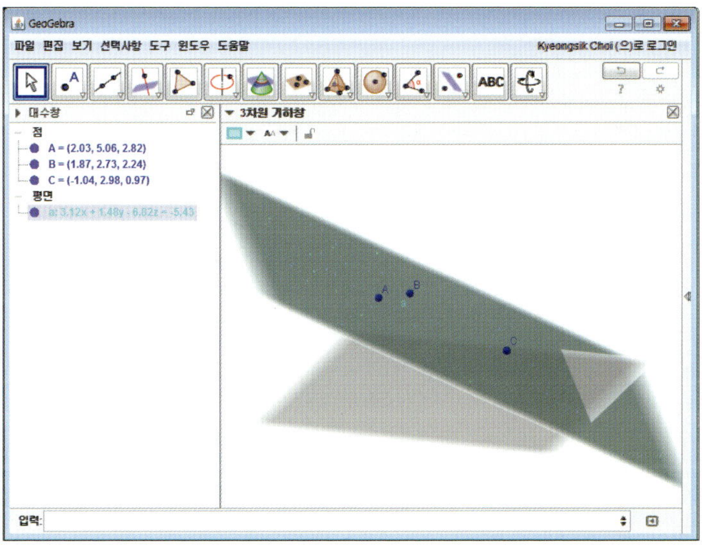

지오지브라 명령어
실행가이드북

GeoGebra

2. 금융 명령어

기간(Periods)

문법

- 기간 [이율 , 납입금 , 현재가치 , 미래가치(선택사항) , 납입 시점 유형 0|1 (선택사항)]

기능

- 고정된 납입금, 고정 이율에 대하여 납입 기간을 구한다.

용어	설명
이율	기간당 이율
납입금	납입된 총 금액
현재가치	납입되는 금액의 총합에 대한 현재 가치
미래가치	모두 납입한 후 계좌 잔고에서 얻고자 하는 금액
납입 시점 유형	0: 마지막날 납입, 1: 첫날 납입

예

1. 납입기간이 39.98임을 구한다.

   기간 [10%/12 , -200 , -400 , 10000]

2. 납입기간이 39.7임을 구한다.

   기간 [10%/12 , -200 , -400 , 10000 , 1]

납입금(Payment)

문법

- 납입금[이율 , 총 납입 기간 , 현재가치 , 미래가치(선택사항) , 납입 시점 유형 0|1 (선택사항)]

기능

- 고정된 납입금, 고정 이율에 대하여 부채에 대한 납입금을 구한다.

용어	설명
이율	기간당 이율
현재가치	납입되는 금액의 총합에 대한 현재 가치
미래가치	모두 납입한 후 계좌 잔고에서 얻고자 하는 금액
납입 시점 유형	0: 마지막날 납입, 1: 첫날 납입

예

1. 매월 납입금이 1022.59임을 구한다.

납입금[6%/12 , 10 , 10000 , 0 , 1]

미래가치(FutureValue)

문법

- 미래가치 [이율 , 총 납입 기간 , 납입금 , 현재가치 (선택사항) , 납입 시점 유형 0|1 (선택사항)]

기능

- 고정된 납입금, 고정 이율에 대하여 미래가치를 구한다.

용어	설명
이율	기간당 이율
납입금	납입된 총 금액
현재가치	납입되는 금액의 총합에 대한 현재 가치
미래가치	모두 납입한 후 계좌 잔고에서 얻고자 하는 금액
납입 시점 유형	0: 마지막날 납입, 1: 첫날 납입

예

1. 미래가치가 3207.99임을 구한다.

```
미래가치 [ 10%/12 , 15 , -200 , 0 , 1 ]
```

이율(Rate)

문법

- 이율[납입 횟수 , 납입금 , 현재가치 , 미래가치(선택사항) , 납입 시점 유형 0|1 (선택사항) , 이자율의 추정값(선택사항)]

기능

- 이율을 구한다.
용어	설명
이율	기간당 이율
납입금	납입된 총 금액
현재가치	납입되는 금액의 총합에 대한 현재 가치
미래가치	모두 납입한 후 계좌 잔고에서 얻고자 하는 금액
납입 시점 유형	0: 마지막날 납입, 1: 첫날 납입

예

1. 월이율이 0.02(2%) 임을 구한다.

```
이율[ 5*12 , -300 , 10000 ] ]
```

현재가치(PresentValue)

문법

- 현재가치 [기간별 이율 , 총 납입 기간 , 납입금 , 미래가치 (선택사항) , 납입 시점 유형 0|1 (선택사항)]

기능

- 고정된 납입금, 고정 이율에 대하여 현재가치의 총합을 구한다.

용어	설명
이율	기간당 이율
납입금	납입된 총 금액
현재가치	납입되는 금액의 총합에 대한 현재 가치
미래가치	모두 납입한 후 계좌 잔고에서 얻고자 하는 금액
납입 시점 유형	0: 마지막날 납입, 1: 첫날 납입

예

1. 현재가치가 696.06임을 구한다.

   현재가치 [12%/12 , 4*12 , -100 , 5000 , 0]

지오지브라 명령어

실행가이드북

GeoGebra

3. 기하 명령어

가장가까운점(ClosestPoint)

문법

- 가장가까운점[경로 , 점]
  가장가까운점[영역, 점]
  가장가까운점[직선, 직선]

기능

- 주어진 점에서 경로(함수, 곡선, 직선)까지 가장 가까운 점을 생성한다.

예

1. 점 A에서 포물선 a까지 가장 가까운 점을 생성한다.

   가장가까운점[a , A]

   [실행결과]

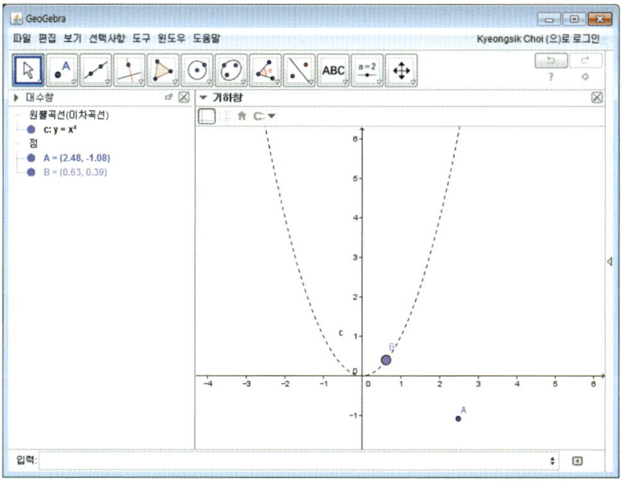

2. 점 A에서 영역 b까지 가장 가까운 점을 생성한다.

가장가까운점 [b , A]

3. 직선 c에서 직선 d까지 가장 가까운 점을 생성한다.

가장가까운점 [c , d]

가중치무게중심(Barycenter)

문법

가중치무게중심 [점들의 리스트 , 가중치리스트]

기능

- 주어진 점들에 가중치가 주어졌을 때 점들의 무게중심을 생성한다.

예

- 점 A, B, C, D에 각각 1, 2, 3, 4의 가중치가 주어졌을 때 무게중심을 생성한다.

  ```
  리스트1 = { A , B , C , D }
  리스트2 = { 1, 2, 3, 4 }
  가중치무게중심 [ 리스트1 , 리스트2 ]
  ```

각(Angle)

문법

- ```
  각 [ 대상 ]
  각 [ 직선 , 직선 ]
  각 [ 점 , 꼭짓점 , 점 ]
  각 [ 점 , 꼭짓점 , 각 ]
  ```

기능

- 다각형의 내각, 두 벡터 사이의 각, 두 직선 사이의 각, 세 점으로 만들어지는 각, 한 점과 각의 꼭짓점, 각의 크기가 주어진 각을 구한다.
  ```

예

1. 다각형1의 내각을 구한다.

각[다각형1]

2. 직선 a와 b 사이의 각을 구한다.

각[a , b]

3. 꼭짓점이 B인 각 ABC를 구한다.

각[A , B , C]

4. 선분 AB에 대하여 점 B를 중심으로 각의 크기가 α인 각을 생성한다.

각[A , B , α]

각의이등분선(AngleBisector)

문법

- 각의이등분선[직선 , 직선]
각의이등분선[점 , 점 , 점]

기능

- 두 직선 사이의 각이나 주어진 각의 이등분선을 생성한다.

예

1. 두 직선 a, b 사이의 각의 이등분선을 생성한다.

각의이등분선[a , b]

2. 꼭짓점이 G인 각 FGH의 이등분선을 생성한다.

각의이등분선[F , G , H]

거리(Distance)

문법

- 거리[점 , 점]
거리[점 , 직선]

기능

- 점과 점, 점과 직선 사이의 거리를 구한다.

예

1. 두 점 A와 B 사이의 거리를 구한다.

   거리[A , B]

2. 점 A에서 직선 a까지의 거리를 구한다.

   거리[A , a]

고정된다각형(RigidPolygon)

문법

- 고정된다각형[다각형]
고정된다각형[다각형 , x방향 이동거리 , y방향 이동거리]
고정된다각형[점 , … , 점]

기능

- 크기가 고정되고 평행이동이 가능한 다각형을 생성한다.

예

1. 다각형1 로부터 고정된 다각형을 생성한다.

   다각형2 = 고정된다각형[다각형1]

2. 자유로운 점 K, L, M, N으로 고정된 다각형을 생성한다.

   고정된다각형[K , L , M , N]

3. 다각형1을 x축 방향으로 2만큼, y축 방향으로 3만큼 평행이동하여 고정된 다각형을 생성한다.

```
고정된다각형[ 다각형1 , 2 , 3 ]
```

[실행결과]

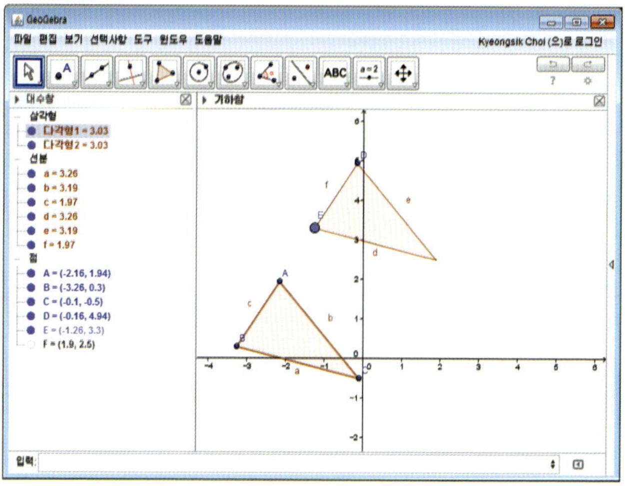

공선여부(AreCollinear)

문법

-
```
공선여부[ 점 , 점 , 점 ]
```

기능

- 점들이 같은 직선 위에 있는지 판정한다.

예

1. 세 점이 같은 직선에 있는지 판정한다.

```
공선여부[ ( 1 , 2 ) , ( 3 , 4 ) , ( 5 , 6 ) ]
```

[실행결과]
true

공점여부(AreConcurrent)

문법

- 공점여부[직선 , 직선 , 직선]

기능

- 직선들이 같은 점을 지나는지 판정한다.

예

1. 세 직선이 같은 점을 지나는지 판정한다.

   공점여부[직선[(1 , 2) , (3 , 4)] , 직선[(1 , 2) , (3 , 5)] , 직선[(1 , 2) , (3 , 6)]]

   [실행결과]
   true

교선(IntersectPath)

문법

- 교선[직선 , 다각형]
  교선[다각형 , 다각형]
  교선[평면 , 다각형]
  교선[평면 , 이차식]

기능

- 도형의 교차부분에서 나타나는 교선을 생성한다.

예

1. 직선 a와 다각형 b의 교차 부분에 생기는 교선을 생성한다.

   교선[a , b]

2. 다각형 a과 다각형 b의 교차 부분의 영역을 생성한다.

```
교선[ a , b ]
```

3. 평면 a와 다각형 b의 교차 부분에 생기는 교선을 생성한다.

```
교선[ a , b ]
```

4. 평면 a와 2차식 곡면(구) b의 교차 부분에 생기는 교선을 생성한다.

```
교선[ a , b ]
```

[실행결과]

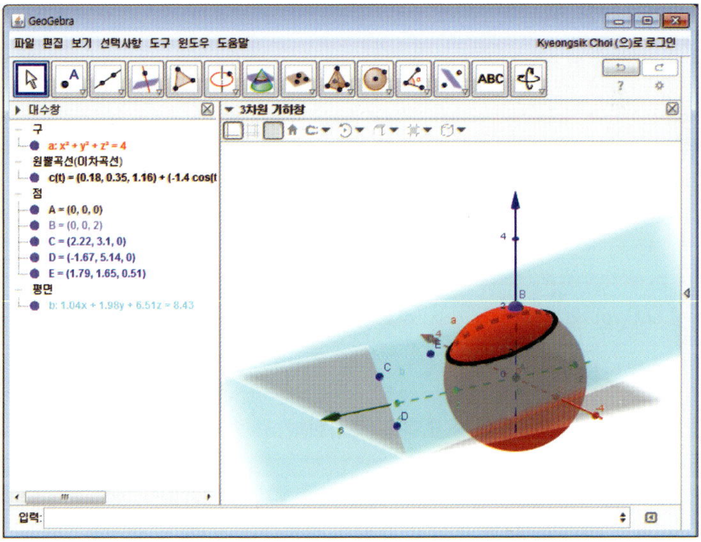

교점 (Intersect)

문법

- 교점 [대상 , 대상]
교점 [대상 , 대상 , 교점의 인덱스]
교점 [대상 , 대상 , 시작점]
교점 [함수 , 함수 , 시작 x값 , 끝 x값]
교점 [곡선 , 곡선 , 변수 1 , 변수 2]

CAS 전용 문법

- 교점 [함수 , 함수]

기능

- 대상과 대상이 만난 교점을 생성한다.

예

1. 원 c와 직선 a의 교점을 생성한다.

    교점 [c , a]

2. 함수 f와 g의 세 번째 교점을 생성한다.

    교점 [f , g , 3]

3. 함수 f와 g의 교점 중에서 점 H와 가장 가까운 점을 생성한다.

    교점 [f , g , H]

4. 함수 f와 g의 교점 중에서 구간 $[-1, 2]$에 있는 교점을 모두 생성한다.

    교점 [f , g , -1 , 2]

교차비 (CrossRatio)

문법

- 교차비 [점 , 점 , 점 , 점]

기능

- 직선 위에 있는 네 점의 교차비 (cross ratio)를 구한다.

예

1. 직선 위에 있는 네 점의 교차비

   $$(A, B; C, D) = \frac{AC \times BD}{BC \times AD}$$

   를 구한다.

   교차비 [A , B , C , D]

기울기 (Slope)

문법

- 기울기 [직선]

기능

- 직선의 기울기를 구한다.

예

1. 직선 a의 기울기를 구한다.

   기울기 [a]

길이(Length)

문법

- 길이[대상]
  길이[함수 , 시작 x값 , 끝 x값]
  길이[함수 , 시작점 , 끝점]
  길이[곡선 , 시작 t값 , 끝 t값]
  길이[곡선 , 시작점 , 끝점]

CAS 전용 문법

- 길이[함수 , 시작 x값 , 끝 x값]
  길이[함수 , 변수 , 시작점 , 끝점]

기능

- 주어진 대상, 함수, 곡선의 길이를 구한다.

예

1. 원호 c의 길이를 구한다.

   길이[c]

2. 구간 [0, 2]에서 정의된 함수 f의 그래프의 길이를 구한다.

   길이[f , 0 , 2]

3. 함수 f의 그래프 위의 점 D와 E 사이의 그래프의 길이를 구한다.

   길이[f , D , E]

4. 곡선 e위의 점 F와 G 사이의 곡선의 길이를 구한다.

   길이[e , F , G]

넓이 (Area)

문법

- 넓이 [원뿔곡선 (이차곡선)]
  넓이 [점 , … , 점]

기능

- 원뿔곡선 (이차곡선) 이나 다각형의 넓이를 구한다.

예

1. 타원 c의 넓이를 구한다.

   넓이 [c]

2. 꼭짓점이 D, E, F, G, H인 다각형의 넓이를 구한다.

   넓이 [D , E , F , G , H]

다각선 (Polyline)

문법

- 다각선 [점의 리스트]
  다각선 [점 , … , 점]

기능

- 여러 점들을 연결하여 다각선을 생성한다.

예

1. 리스트의 점들을 연결하여 다각선을 생성한다.

   다각선 [리스트1]

2. 점들을 연결하여 다각선을 생성한다.

   다각선 [F , G , H , I , J , K]

다각형(Polygon)

문법

- | 다각형[점의 리스트]
다각형[점 , … , 점]
다각형[점 , 점 , 꼭짓점의 갯수] |

기능

- 점들을 연결하여 다각형을 생성한다.

예

1. 리스트의 점들을 연결하여 다각형을 생성한다.

   ```
   다각형[ 리스트1 ]
   ```

2. 주어진 점들을 연결하여 다각형을 생성한다.

   ```
   다각형[ E , F , G , H , I ]
   ```

3. 선분 AB를 한 변으로 하는 정육각형을 생성한다.

   ```
   다각형[ A , B , 6 ]
   ```

   [실행결과]

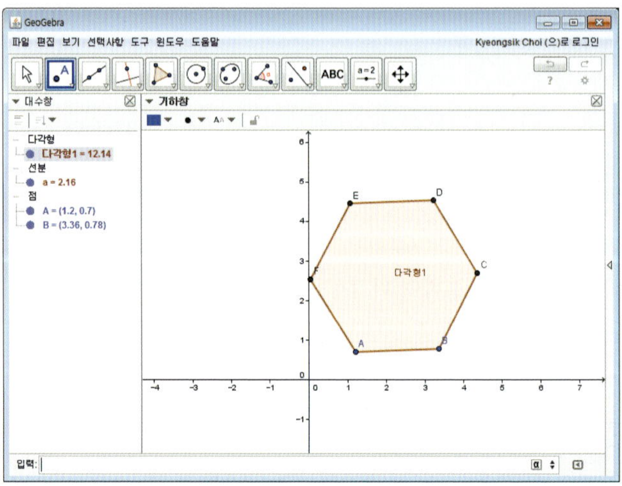

동일원여부 (AreConcyclic)

문법

- `동일원여부[ 점 , 점 , 점 , 점 ]`

기능

- 네 점이 동일한 원 위에 있는지 판정한다.

예

1. 네 점이 동일한 원 위에 있는지 판정한다.

```
동일원여부[ ( 1 , 2) , ( 3 , 4 ) , ( 1 , 4 ) , ( 3 , 2 ) ]
```

[실행결과]
true

둘레 (Circumference)

문법

- ```
  둘레[ 다각형 ]
  둘레[ 원뿔곡선(이차곡선) ]
  둘레[ 자취 ]
  ```

기능

- 폐곡선인 대상의 둘레의 길이를 구한다.

예

1. 다각형1의 둘레의 길이를 구한다.

```
둘레[ 다각형1 ]
```

2. 자취1의 둘레의 길이를 구한다.

```
둘레[ 자취1 ]
```
```

무게중심(Centroid)

문법

- 무게중심[다각형]

기능

- 다각형의 무게중심을 생성한다.

예

1. 다각형1의 무게 중심을 생성한다.

   무게중심[다각형1]

반지름(Radius)

문법

- 반지름[원뿔곡선(이차곡선)]

기능

- 원이나 부채꼴, 원호의 반지름을 구한다.

예

1. 원 c의 반지름을 구한다.

   반지름[c]

2. 부채꼴 d의 반지름을 구한다.

   반지름[d]

3. 원호 e에 대한 원의 반지름을 구한다.

   반지름[e]

반직선(Ray)

문법

- 반직선[시작점 , 점]
반직선[시작점 , 방향 벡터]

기능

- 시작점과 방향이 있는 반직선을 생성한다.

예

1. 점 A에서 시작하여 점 B를 지나는 반직선을 생성한다.

   반직선[A , B]

2. 점 A에서 시작하여 벡터 u 방향의 반직선을 생성한다.

   반직선[C , u]

방향(Direction)

문법

- 방향[직선]

기능

- 주어진 직선(반직선, 선분)의 방향 벡터를 생성한다.

예

1. 직선 a의 방향 벡터를 생성한다.

   방향[a]

2. 반직선 b의 방향 벡터를 생성한다.

   방향[b]

3. 선분 c의 방향 벡터를 생성한다.

   방향[c]

부채꼴(Sector)

문법

- 부채꼴[원뿔곡선(이차곡선) , 점 , 점]
  부채꼴[원뿔곡선(이차곡선) , 매개변수 값 , 매개변수 값]

기능

- 원의 일부인 부채꼴을 생성한다.

예

1. 원 c의 중심과 c 위의 점 A, B로 이루어진 부채꼴을 생성한다.

   부채꼴[c , A , B]

   [실행결과]

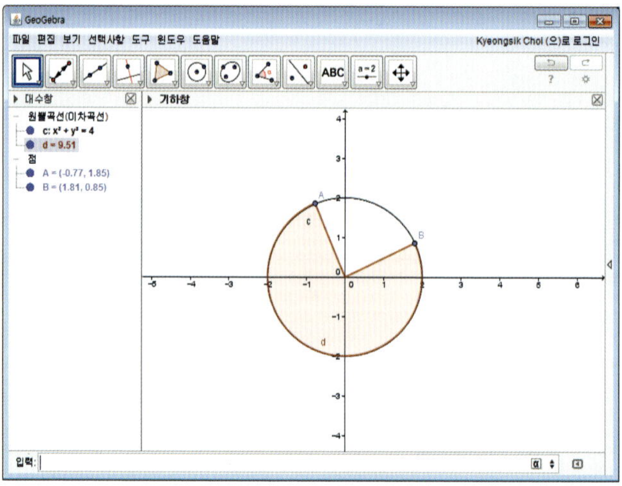

2. 원 e에서 중심각이 $\frac{\pi}{3}$ 인 부채꼴을 생성한다.

   부채꼴[e , 0 , pi/3]

삼각삼차식(Cubic)

문법

- 삼각삼차식[점 , 점 , 점 , 수]

기능

- 삼각형 ABC에 대한 삼각 3차식을 구한다.

인덱스	3차식
1	Neuberg Cubic
2	Thomson Cubic
3	McCay Cubic
4	Darboux Cubic
5	Napoleon/Feuerbach Cubic
7	Lucas Cubic
17	1st Brocard Cubic
18	2nd Brocard Cubic

예

1. 세 점에 대하여 Thomson 3차식을 구한다.

삼각삼차식[A , B , C , 2]

[실행결과]

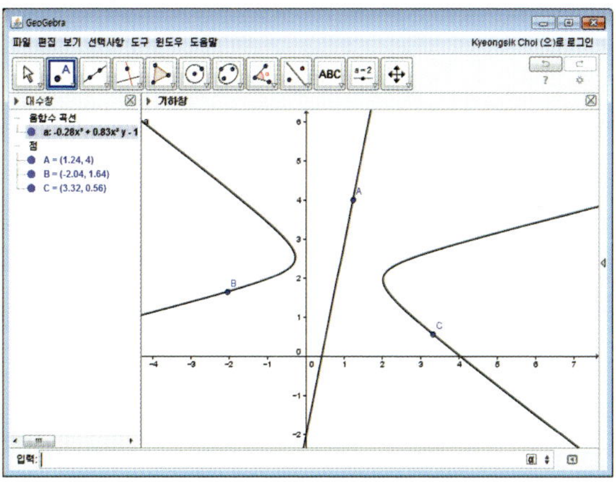

삼각형곡선(TriangleCurve)

문법

- 삼각형곡선[점 , 점 , 점 , 수]

기능

- 주어진 세 점에 대한 질량중심좌표계에서 방정식을 만족하는 곡선을 생성한다.

예

1. 삼각형 ABC에 외접하는 타원을 생성한다.

   삼각형곡선[A , B , C , B C + C A + A B = 0]

2. A와 C를 지나는 직선에 접하는 쌍곡선을 생성한다.

   삼각형곡선[A , B , C , A*C = 1/8]

3. 삼각형의 무게중심을 지나는 세 직선을 생성한다.

   삼각형곡선[A , B , C , (A - B)*(B - C)*(C - A) = 0]

   [실행결과]

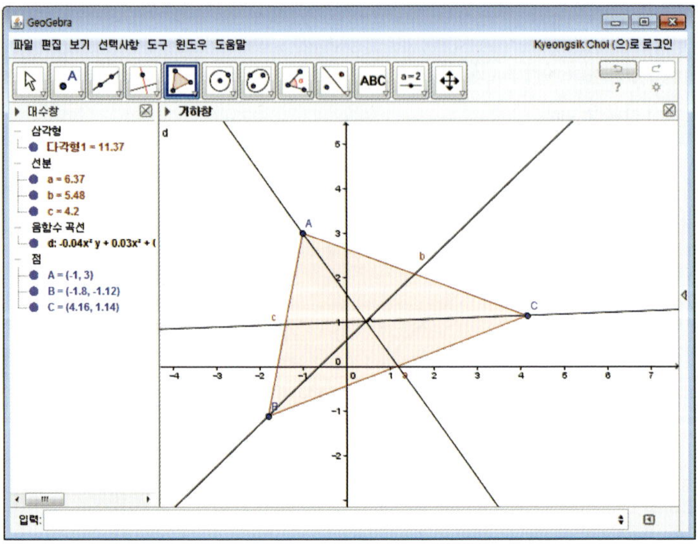

삼각형중심(TriangleCenter)

문법

- ```
  삼각형중심[ 점 , 점 , 점 , 수 ]
  ```

번호	중심
1	내심
2	무게중심
3	외심
4	수심
5	구점원중심
6	Symmedian point
7	제르곤점
8	Nagel point
13	페르마점

기능

- 삼각형의 다양한 중심을 생성한다.

예

1. 삼각형 ABC의 무게중심을 생성한다.

```
삼각형중심[ A , B , C , 2 ]
```

[실행결과]

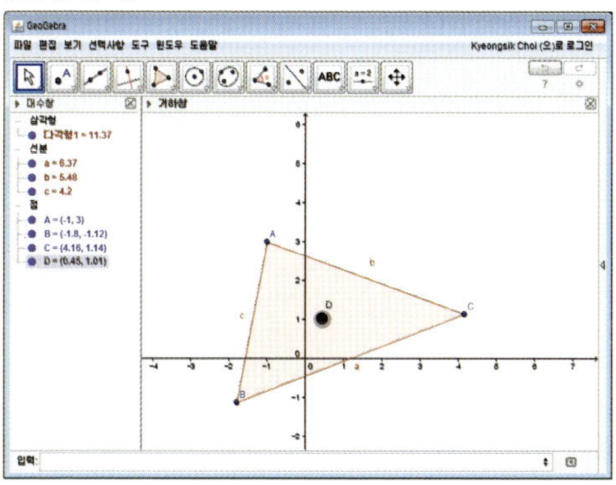
```

삼선좌표 (Trilinear)

문법

- 삼선좌표 [점 , 점 , 점 , 수 , 수 , 수]

점	수	수	수
내심	1	1	1
무게중심	1/a	1/b	1/c
외심	cos(A)	cos(B)	cos(C)
수심	sec(A)	sec(B)	sec(C)
구점원중심	cos(B-C)	cos(C-A)	cos(A-B)
Symmedian point	sin(A)	sin(B)	sin(C)

선분 (Segment)

문법

- 선분 [점 , 점]
  선분 [점 , 길이]

기능

- 두 점 사이의 선분을 생성한다.

예

1. 두 점 A, B 사이의 선분을 생성한다.

   선분 [A , B]

2. 점 A가 한 끝점이며 길이가 3인 선분을 생성한다.

   선분 [A , 3]

수직선(PerpendicularLine)

문법

- 수직선[점 , 직선]
  수직선[점 , 선분]
  수직선[점 , 벡터]

기능

- 주어진 한 점을 지나면서 직선, 선분, 벡터에 수직인 직선을 생성한다.

예

1. 점 A를 지나고 직선 a에 수직인 직선을 생성한다.

   수직선[A , a]

2. 점 A를 지나고 벡터 u에 수직인 직선을 생성한다.

   수직선[A , u]

수직여부(ArePerpendicular)

문법

- 수직여부[직선 , 직선]

기능

- 두 직선이 서로 수직인지 판정한다.

예

1. 수직여부[직선[(-1 , 0) , (0 , -1)] , 직선[(0 , 0) , (2 , 2)]]

   [실행결과]
   true

수직이등분선 (PerpendicularBisector)

문법

- 수직이등분선[선분]
  수직이등분선[점 , 점]

기능

- 주어진 선분의 수직이등분선을 생성한다.

예

1. 선분 a의 수직이등분선을 생성한다.

   수직이등분선[a]

2. 점 C와 D를 연결하는 선분의 수직이등분선을 생성한다.

   수직이등분선[C , D]

아핀비 (AffineRatio)

문법

- 아핀비[점 , 점 , 점]

기능

- 직선 위에 있는 세 점의 아핀비를 구한다.

예

1. 직선 위에 있는 세 점 A, B, C의 아핀비 λ를 구한다.[1]

   아핀비[A , B , C]

---

[1] $C = A + \lambda(B - A)$

영역가장가까운점(ClosestPointRegion)

문법

- 영역가장가까운점[영역 , 점]

기능

- 지정된 점에 대하여 영역 위에서 가장 가까운 점을 생성한다.

영역안의점(PointIn)

문법

- 영역안의점[영역]

기능

- 주어진 영역 안의 임의의 점을 생성한다.[2]

외접부채꼴(CircumcircularSector)

문법

- 외접부채꼴[점 , 점 , 점]

기능

- 주어진 세 점이 부채꼴의 호 위에 있는 부채꼴을 생성한다.

예

1. 세 점 A, B, C가 부채꼴의 호 위에 있는 부채꼴을 생성한다.

   외접부채꼴[A , B , C]

[2] 생성된 점은 영역을 벗어날 수 없다.

외접호(CircumcircularArc)

문법

- 외접호[점 , 점 , 점]

기능

- 주어진 세 점을 지나는 원호를 생성한다.

예

1. 외접호[A , B , C]

원형부채꼴(CircularSector)

문법

- 원형부채꼴[중점 , 점 , 점]

기능

- 한 점이 중심인 원형부채꼴을 생성한다.

예

1. 원형부채꼴[A , B , C]

[실행결과]

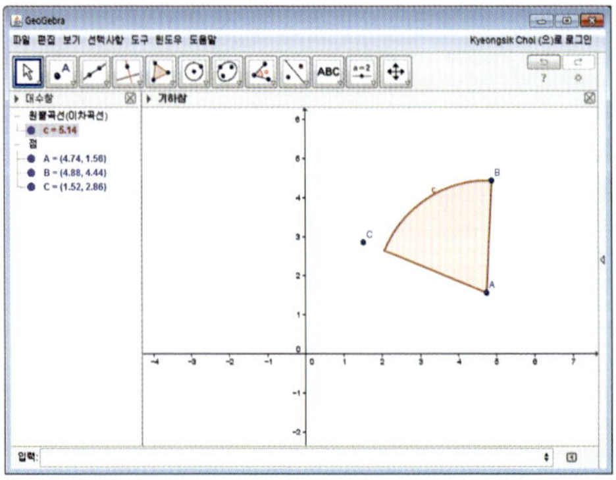

원호(CircularArc)

문법

- `원호[ 중점 , 점 , 점 ]`

기능

- 중심이 있는 원호를 생성한다.

예

1. `원호[ A , B , C ]`

일치여부(AreEqual)

문법

- `일치여부[ 대상 , 대상 ]`

기능

- 두 대상이 서로 같은지 판정한다.

예

1. 두 선분이 서로 같은지 판정한다.[3]

   `일치여부[ 선분[ ( 1 , 2 ) , ( 3 , 4 ) ] , 선분[ ( 3 , 4 ) , ( 1 , 2 ) ] ]`

   [실행결과]
   true

[3]이 명령은 == 연산자와 동일한 역할을 수행한다.

자취그리기(Locus)

문법

- 자취그리기[자취를 생성하는 점 , 점]
  자취그리기[자취를 생성하는 점 , 슬라이더]
  자취그리기[벡터장(2변수함수) , 점]
  자취그리기[f(x , y) , 점]

기능

- 점, 슬라이더, 벡터장에 의존하는 점의 자취를 생성한다.

예

1. 점 A에 의존하는 점 P의 자취를 생성한다.

   자취그리기[P , A]

2. 슬라이더 a에 의존하는 점 P의 자취를 생성한다.

   자취그리기[P , a]

3. 점 A가 위치한 벡터장에서 벡터의 자취를 생성한다.

   자취그리기[벡터장1 , A]

4. 벡터장 $f(x, y) = x + y$에서 점 $(0, 0)$을 지나는 자취를 생성한다.

   자취그리기[x + y , (0 , 0)]

   [실행결과]

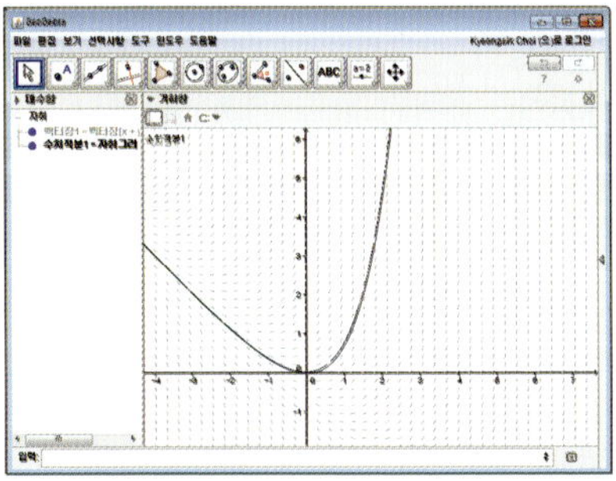

자취방정식(LocusEquation)

문법

- 자취방정식[자취]
  자취방정식[자취를 그릴 점 , 대상 위의 점]

기능

- 자취의 방정식을 구한다.

예

1. 자취 d의 방정식을 구한다.

```
자취방정식[ d ]
```

2. 점 B에 의존하는 점 C의 자취의 방정식을 구한다.

```
자취방정식[ C , B ]
```

[실행결과]

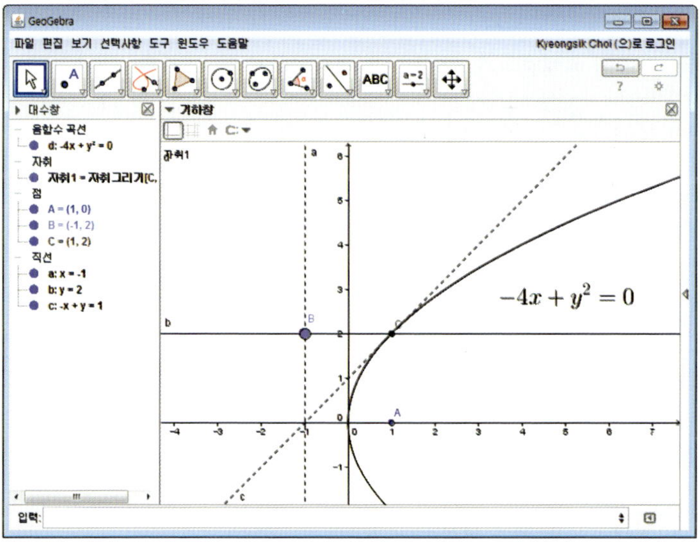

점(Point)

문법

- 점[대상]
점[리스트]
점[대상, 매개변수]
점[점, 벡터]

기능

- 주어진 대상, 리스트, 벡터 위에 점을 생성한다.

예

1. 원 c 위에 점을 생성한다.

   점[c]

2. 선분의 리스트에 점을 생성한다.

   점[리스트1]

3. 원 c에 매개변수가 0.4인 점을 생성한다.

   점[a , 0.4]

   [실행결과]

   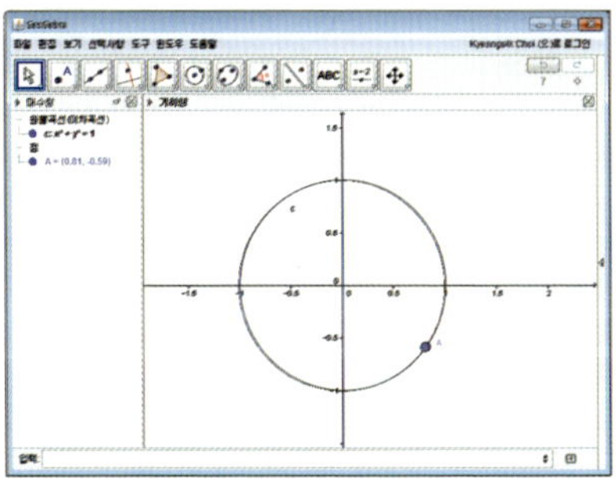

4. 벡터 u 위에 점을 생성한다.

   점[u]

접선(Tangent)

문법

- 접선[점 , 원뿔곡선(이차곡선)]
  접선[점 , 함수]
  접선[점 , 곡선]
  접선[x값 , 함수]
  접선[직선 , 원]
  접선[원 , 원]

기능

- 주어진 점에서 원뿔곡선(이차곡선), 함수, 곡선, 원에 접선을 생성한다.

예

1. 점 A에서 포물선 c에 접선을 생성한다.

   접선[A , c]

2. 함수 f 위의 점 B에서 접선을 생성한다.

   접선[B , f]

3. 매개변수곡선 a 위의 점에서 접선을 생성한다.

   접선[C , a]

4. $x = 2$인 함수 f 위의 점에서 접선을 생성한다.

   접선[2 , f]

   [실행결과]

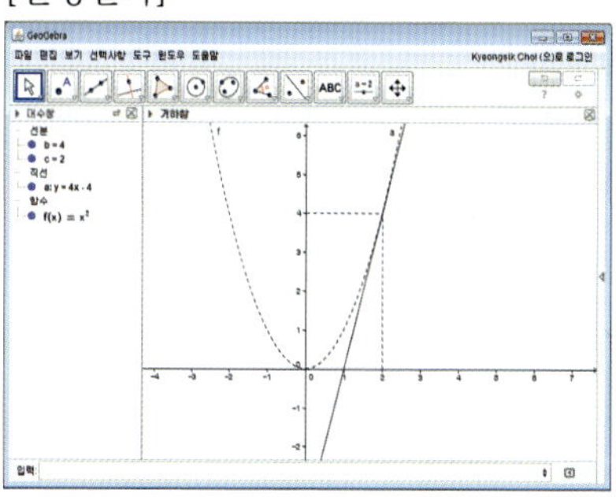

5. 원 d에 직선 k와 평행한 두 개의 접선을 생성한다.

접선[k , d]

6. 두 원 d와 e의 공통접선을 생성한다.

접선[d , e]

정점(Vertex)

문법

- 정점[원뿔곡선(이차곡선)]
  정점[부등식]
  정점[다각형]
  정점[다각형 , 인덱스]

기능

- 원뿔곡선(이차곡선), 부등식, 다각형의 정점을 생성한다.

예

1. 타원 c의 정점을 생성한다.

정점[c]

2. 부등식 a의 정점을 생성한다.

정점[a]

3. 다각형1의 정점을 생성한다.

정점[다각형1]

4. 다각형1의 3번째 정점을 생성한다.

정점[다각형1 , 3]

중점(Midpoint)

문법

- 중점[선분]
  중점[원뿔곡선(이차곡선)]
  중점[구간]
  중점[점 , 점]

기능

- 선분의 중점, 두 점 사이의 중점, 원뿔곡선(이차곡선)의 중심을 생성한다.

예

1. 선분 a의 중점을 생성한다.

   중점[a]

2. 타원 c의 중심을 생성한다.

   중점[c]

3. 구간의 중점을 구한다.

   중점[2 < x < 6]

4. 점 H와 I의 중점을 생성한다.

   중점[H , I]

증명(Proof)

문법

- 증명[표현식]

기능

- 표현식이 일반적으로 참인지 판정한다.

예

1. 자유로운 점 $A(1,2)$, $B(3,4)$, $C(5,6)$에 대하여

공선여부[A,B,C]

   는 true이나 점 A, B, C가 자유로운 점이기 때문에 일반적으로 참이라고 할 수 없다. 이에 대하여

증명[공선여부[A,B,C]]

   은 false이다.

2. 세 점 A, B, C로 이루어진 삼각형에 대하여

   ```
   D = 중점[B,C]
   E = 중점[A,C]
   p = 직선[A,B]
   q = 직선[D,E]
   ```

   라고 정의하자. 이 때

   ```
   p || q
   증명[p || q]
   ```

   는 모두 true이다. 이는 일반적으로 참인 명제이기 때문이다.

증명세부사항(ProveDetails)

문법

- 증명세부사항[표현식]

기능

- 자동으로 이루어진 증명의 결과에 대한 세부사항을 표시한다.
-

수행결과	의미
{}	판정할 수 없음
{false}	명제가 일반적으로 참이 아님
{true}	명제가 항상 참임
{true, 예외조건}	명제가 예외조건이 아니면 참임
{true, {"..."}}	명제가 예외조건이 아니면 참이나 표현되지 못함

직선(Midpoint)

문법

- 직선[점 , 점]
  직선[점 , 평행한 직선]
  직선[점 , 방향 벡터]

기능

- 두 점을 이은 직선이나 한 점을 지나고 다른 직선이나 벡터에 평행한 직선을 생성한다.

예

1. 점 C를 지나고 벡터 u에 평행한 직선을 생성한다.

   직선[C , u]

평행여부(AreParallel)

문법

- 평행여부[직선 , 직선]

기능

- 두 직선이 평행인지 판정한다.

예

1. 두 직선이 서로 평행인지 판정한다.

   평행여부[직선[(1 , 2) , (3 , 4)] , 직선[(5 , 6) , (7 , 8)]]

[실행결과]
true

포락선(Envelope)

문법

- 포락선[경로 , 점]

기능

- 일정한 경로 위를 움직이는 점에 따라 나타나는 경로의 집합에 대한 포락선의 방정식을 생성한다.[4]

예

1. 점 A가 움직이는 것에 따라 선분 a가 움직인 자취가 그리는 포락선을 생성한다.

   포락선[a , A]

   [실행결과]

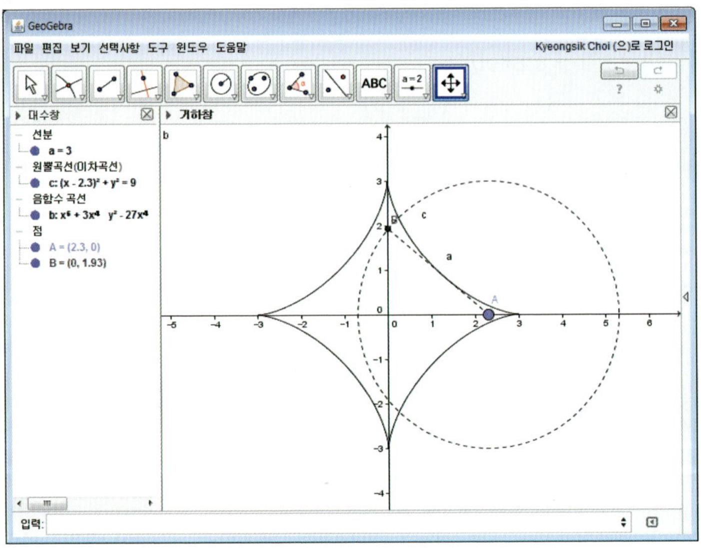

[4]http://ggbtu.be/m950879

호(Arc)

문법

- 호[원 , 점 , 점]
호[원뿔곡선(이차곡선) , 점 , 점]
호[원 , 변수 값 , 변수 값]
호[원뿔곡선(이차곡선) , 변수 값 , 변수 값]

기능

- 원이나 원뿔곡선의 호를 생성한다.

예

1. 원 d위의 두 점 G, F 사이의 호를 생성한다.

   호[d , G , F]

2. 타원 c위의 두 점 H , I 사이의 호를 생성한다.

   호[c , H , I]

3. 원 d위에 각도가 0에서 $2(rad)$ 사이의 호를 생성한다.

   호[d , 0 , 2]

4. 타원 c위에 각도가 0에서 $2(rad)$ 사이의 호를 생성한다.

   호[c , 0 , 2]

지오지브라 명령어

실행가이드북

GeoGebra

4. 논리 명령어

관계 (Relation)

문법

- 관계 [대상 , 대상]

기능

- 두 대상 사이의 관계를 구한다.

예

- 점 C와 직선 a 사이의 관계를 구한다.

  관계 [C , a]

세기조건 (CountIf)

문법

- 세기조건 [조건 , 리스트]
  세기조건 [조건 , 변수 , 리스트]

기능

- 리스트에서 조건에 맞는 원소의 수를 구한다.

예

1. 리스트1에서 3보다 작은 원소의 수를 구한다.

   세기조건 [x < 3 , 리스트1]

2. 스프레드시트창의 셀 A1에서 A5까지의 값 중에서 3보다 작은 원소의 수를 구한다.

```
세기조건[ x < 3 , A1:A5 ]
```

3. 점 P, Q, R 가운데 x좌표가 3보다 작은 점의 수를 구한다.

```
세기조건[ x(A) < 3 , A , {P , Q , R} ]
```

영역포함여부(IsInRegion)

문법

- 영역포함여부[점 , 영역]

기능

- 점이 영역에 포함되는지 판정한다.

예

1. 점 F가 다각형1에 포함되는지 판정한다.

```
영역포함여부[ F , 다각형1 ]
```

유지조건(KeepIf)

문법

- 유지조건[조건 , 리스트]
  유지조건[조건 , 변수 , 리스트]

기능

- 리스트에서 조건에 맞는 원소를 모아 리스트를 생성한다.

예

1. 리스트1에서 3보다 작은 원소를 모아 리스트를 생성한다.

```
유지조건[ x < 3 , 리스트1 ]
```

2. 점 P, Q, R 가운데 x좌표가 3보다 작은 원소를 모아 리스트를 생성한다.

```
유지조건[ x(A) < 3 , A , {P , Q , R} ]
```

정수여부(IsInteger)

문법

- 정수여부[수]

기능

- 주어진 수가 정수인지 판정한다.

예

1. $\frac{972}{9}$ 가 정수인지 판정한다.

   정수여부[972/9]

정의여부(IsDefined)

문법

- 정의여부[대상]

기능

- 대상이 정의될 수 있는지 판정한다.

예

1. 원의 반지름이 -2 인 원이 정의될 수 있는지 판정한다.

   정의여부[원[(2 , 2) , -2]]

2. 점 $(1, 1)$ 에서 $y = x^2$ 에 접선이 정의될 수 있는지 판정한다.

   정의여부[접선[(1 , 1) , y = x^2]]

조건(If)

문법

- 조건[조건 , 조건이 성립할 때 생성할 대상]
  조건[조건, 조건이 성립할 때 생성할 대상, 성립하지 않을 때 생성할 대상]
  조건[조건1 , 대상1 , 조건2 , 대상2 , ...]

기능

- 조건을 만족할 때 대상을 생성한다.

예

1. n이 3일 때 직선 $x+y=4$를 생성한다.

```
조건[ n == 3 , x + y = 4 ]
```

2. n이 3일 때 직선 $x-y=4$를 생성하고, 다른 값일 때 직선 $x+y=2$를 생성한다.

```
조건[ n == 3 , x - y = 4 , x + y = 2 ]
```

3. $x<3$일 때는 $y=\sin(x)$, $x\geq 3$일 때는 $y=x^2$인 함수를 생성한다.

```
f(x)= 조건[ x < 3 , sin( x ) , x^2 ]
```

4. $0\leq x\leq 3$에서 $y=x^2$인 함수를 생성한다.

```
f(x)=조건[ 0 <= x <= 3 , x^2 ]
```

5. 대수 명령어

공통분모(CommonDenominator)

문법

- 공통분모[식 , 식]

기능

- 두 수 또는 식의 공통분모를 구한다.

예

1. 두 식의 공통분모를 구한다.

```
공통분모[ 3 / ( 2 x + 1 ) , 3 / ( 4 x^2 + 4 x + 1 ) ]
```

[실행결과]
$4\,x^2 + 4\,x + 1$

나눗셈(Division)

문법

- 나눗셈[나누어지는 수 , 나누는 수]
  나눗셈[나누어지는 다항식, 나누는 다항식]

기능

- 나눗셈의 결과를 리스트로 구한다.[1]

[1] { 몫 , 나머지 }

예

1. 나눗셈의 결과를 리스트로 구한다.

```
나눗셈[ 16 , 3 ]
```

[실행결과]
$\{5, 1\}$

2. 나눗셈의 결과를 리스트로 구한다.

```
나눗셈[ x ^2 + 3 x + 1 , x - 1 ]
```

[실행결과]
$\{x + 4, 5\}$

나머지(Mod)

문법

- ```
  나머지[ 나누어지는 수 , 나누는 수 ]
  나머지[ 나누어지는 다항식 , 나누는 다항식 ]
  ```

기능

- 나눗셈의 나머지를 구한다.

예

1. 9를 4로 나눌 때의 나머지를 구한다.

```
나머지[ 9 , 4 ]
```

[실행결과]
1
```

2. 다항식의 나눗셈에서 나머지를 구한다.

```
나머지[ x^3 + x^2 + x + 6 , x^2 - 3 ]
```

[실행결과]
$4x + 9$

다음번소수(NextPrime)

문법

- 다음번소수[수]

기능

- 입력된 수보다 큰 소수 가운데 가장 작은 소수를 구한다.

예

1. 10000보다 큰 소수 가운데 가장 작은 소수를 구한다.

```
다음번소수[ 10000 ]
```

[실행결과]
10007

몫(Div)

문법

- 몫[나누어지는 수 , 나누는 수]
  몫[나누어지는 다항식 , 나누는 다항식]

기능

- 수나 다항식의 나눗셈에서 몫을 구한다.

예

1. 3으로 16을 나눌 때 몫을 구한다.

```
몫[ 16 , 3 ]
```

[실행결과]
5

2. 다항식의 나눗셈에서 몫을 구한다.

```
몫[ x^2 + 3x + 1 , x - 1 ]
```

[실행결과]
$x + 4$

무리수인수분해(IFactor)

문법

- `무리수인수분해[ 다항식 ]`

CAS 전용 문법

- `무리수인수분해[ 다항식 , 변수 ]`

기능

- 다항식을 무리수 계수의 범위까지 인수분해한다.

예

1. $f(x) = (x + \frac{-\sqrt{5}+1}{2})(x + \frac{\sqrt{5}+1}{2})$로 인수분해한다.

```
무리수인수분해[ x^2 + x - 1 ]
```

소수여부(IsPrime)

문법

- 소수여부[수]

CAS 전용 문법

- 소수여부[수]

기능

- 주어진 수가 소수인지 판정한다.

예

1. 10이 소수인지 판정한다.

   소수여부[10]

   [실행결과]
   false

소인수분해(PrimeFactors)

문법

- 소인수분해[수]

CAS 전용 문법

- 소인수분해[수]

기능

- 주어진 수를 소인수분해한다.

예

1. 1024를 소인수분해한다.

```
소인수분해[ 1024 ]
```

[실행결과]
{2, 2, 2, 2, 2, 2, 2, 2, 2, 2}

십진법화(FromBase)

문법

- `십진법화[ "기존 진법에서의 수" , 기존 진법(수) ]`

기능

- 다른 진법의 수를 십진법의 수로 구한다.

예

1. 16진법의 수 FF(16)를 십진법의 수로 구한다.

```
십진법화[ "FF" , 16 ]
```

[실행결과]
255

2. 2진법의 수 100000000(2)을 십진법의 수로 구한다.

```
십진법화[ "100000000" , 2 ]
```

[실행결과]
256

약수개수(Divisors)

문법

- 약수개수[수]

기능

- 주어진 수의 약수의 개수를 구한다.

예

1. 15의 약수의 개수를 구한다.

   약수개수[15]

   [실행결과]
   4

약수리스트(DivisorsList)

문법

- 약수리스트[수]

기능

- 주어진 수의 모든 약수의 리스트를 생성한다.

예

1. 15의 모든 약수의 리스트를 생성한다.

   약수리스트[15]

   [실행결과]
   $\{1, 3, 5, 15\}$

약수합(DivisorsSum)

문법

- `약수합[ 수 ]`

기능

- 주어진 수의 약수의 합을 구한다.

예

1. 15의 약수의 합을 구한다.

```
약수합[ 15 ]
```

[실행결과]
24

완전제곱(CompleteSquare)

문법

- `완전제곱[ 이차함수 ]`

기능

- 이차함수 $f(x) = ax^2 + bx + c$를 $a(x-p)2+q$의 꼴로 구한다.

예

1. 이차함수 $x^2 - 4x + 7$을 완전제곱꼴로 구한다.

```
완전제곱[ x^2 - 4 x + 7 ]
```

[실행결과]
$(x-2)^2 + 3$

우변(RightSide)

문법

- 우변[식]

CAS 전용 문법

- 우변[식]
  우변[식의 리스트]
  우변[식의 리스트 , 인덱스]

기능

- 등식을 간단히하여 우변의 값을 구한다.

예

1. $x + 2 = 3x + 1$을 간단히 하면 $x = 0.5$이므로 0.5를 구한다.

   우변[x + 2 = 3x + 1]

이전소수(PreviousPrime)

문법

- 이전소수[수]

기능

- 입력한 수보다 작은 소수 가운데 가장 큰 소수를 구한다.

예

1. 10000보다 작은 소수 가운데 가장 큰 소수를 구한다.

   이전소수[10000]

[실행결과]
9973

인수분해(Factor)

문법

- 인수분해[다항식]

CAS 전용 문법

- 인수분해[식 , 변수]

기능

- 주어진 다항식을 인수분해한다.

예

1. 인수분해[x^2 + x - 6]

[실행결과]
$(x-2)\ (x+3)$

전개(Expand)

문법

- 전개[식]

기능

- 식을 전개한다.

예

1. 전개[(2 x - 1)^2 + 2 x + 3]

[실행결과]
$4x^2 - 2x + 4$

정리(Simplify)

문법

- 정리[식]
  정리[텍스트]

기능

- 주어진 다항식을 정리하여 간단히 한다.

예

1. $x + x + x$를 정리하여 $3x$를 구한다.

   정리[x + x + x]

2. $a = -1$, $b = -1$, $c = 1$을 대입하여 $g(x) = -x^2 - x + 1$을 생성한다.

   정리["g(x) = " + a + "x^2 + " + b + "x + " + c]

좌변(LeftSide)

문법

- 좌변[식]

CAS 전용 문법

- 좌변[식의 리스트]
  좌변[식의 리스트 , 인덱스]

기능

- 식을 간단히 하여 좌변의 값을 구한다.

예

1. $x + 2 = 3x + 1$을 간단히 하면 $x = 0.5$이므로 좌변의 x를 구한다.

   좌변[x + 2 = 3x + 1]

진법화(ToBase)

문법

- 진법화[십진법 수 , 진법(수)]

기능

- 십진법의 수를 다른 진법의 수로 구한다.

예

1. 십진법의 수 255를 16진법의 수로 구한다.

   진법화[255 , 16]

[실행결과]
FF

최대공약수(GCD)

문법

- 최대공약수[수 , 수]
  최대공약수[수의 리스트]

CAS 전용 문법

- 최대공약수[다항식의 리스트]
  최대공약수[다항식 , 다항식]

기능

- 두 수나 리스트의 수들의 최대공약수를 구한다.

예

1. 리스트의 원소 12, 30, 18의 최대공약수를 구한다.

```
최대공약수[ { 12 , 30 , 18 } ]
```

[실행결과]
6

2. 12와 15의 최대공약수를 구한다.

```
최대공약수[ 12 , 15 ]
```

[실행결과]
3

최댓값(Max)

문법

- ```
  최댓값[ 리스트 ]
  최댓값[ 구간 ]
  최댓값[ 수 , 수 ]
  최댓값[ 함수 , 시작 x값 , 끝 x값 ]
  ```

기능

- 리스트, 구간, 수, 함수에 대하여 최댓값을 구한다.

예

1. 리스트의 최댓값을 구한다.

```
최댓값[ { -2 , 12 , -23 , 17 , 15 } ]
```

2. 구간의 최댓값을 구한다.

```
최댓값[ 2 <= x <= 3 ]
```

3. 두 수 가운데 최댓값을 구한다.

```
최댓값[ 12 , 15 ]
```

4. 구간 $[-2, 0]$에서 함수 $f(x) = x^3 + 2x^2 - 1$의 최댓값을 나타내는 점을 생성한다.

```
최댓값[ f , -2 , 0 ]
```

[실행결과]

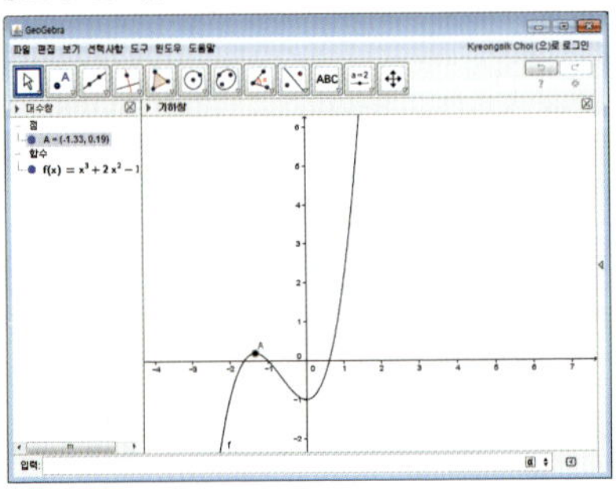
```

최소공배수(LCM)

문법

- 최소공배수[수의 리스트]
  최소공배수[수 , 수]

CAS 전용 문법

- 최소공배수[다항식의 리스트]
  최소공배수[다항식 , 다항식]

기능

- 두 수나 리스트의 수의 최소공배수를 구한다.

예

1. 리스트의 원소 12, 30, 18의 최소공배수를 구한다.

   최소공배수[{ 12 , 30 , 18 }]

   [실행결과]
   180

2. 12와 15의 최소공배수를 구한다.

   최소공배수[12 , 15]

   [실행결과]
   60

최솟값(Min)

문법

- 최솟값[리스트]
  최솟값[구간]
  최솟값[수 , 수]
  최솟값[함수 , 시작 x값 , 끝 x값]

기능

- 리스트, 구간, 수, 함수에 대하여 최솟값을 구한다.

예

1. 리스트의 최솟값을 구한다.

   최솟값[{ -2 , 12 , -23 , 17 , 15 }]

2. 구간의 최솟값을 구한다.

   최솟값[2 <= x <= 3]

3. 두 수 가운데 최솟값을 구한다.

   최솟값[12 , 15]

4. 구간 $[-2, 0]$ 에서 함수 $f(x) = x^3 + 2x^2 - 1$ 의 최솟값을 나타내는 점을 생성한다.

   최솟값[f , -2 , 0]

   [실행결과]

   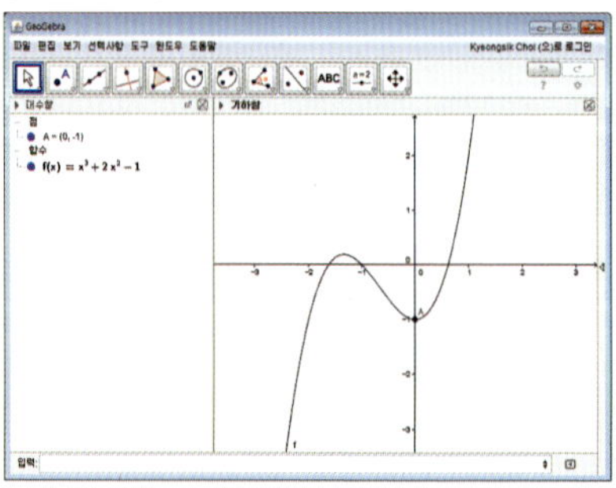

6. 도표 명령어

계단그래프(StepGraph)

문법

- 계단그래프[점의 리스트]
  계단그래프[점의 리스트, 결합 true|false]
  계단그래프[x좌표의 리스트, y좌표의 리스트]
  계단그래프[점의 리스트, 결합 true|false, 점 스타일 -2|-1|0|1|2]
  계단그래프[x좌표의 리스트, y좌표의 리스트, 결합 true|false]
  계단그래프[x좌표의 리스트, y좌표의 리스트, 결합 true|false, 점 스타일 -2|-1|0|1|2]

기능

- 주어진 점의 리스트로 계단그래프를 생성한다.

예

1. 계단그래프[{ (1 , 1) , (3 , 2) , (4 , 5) , (5 , 6) }]

   [실행결과]

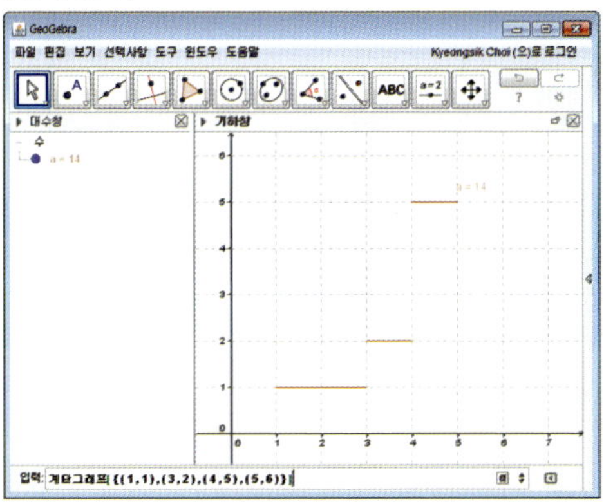

2. 계단그래프[{ (1 , 1) , (3 , 2) , (4 , 5) , (5 , 6) } , true]

[실행결과]

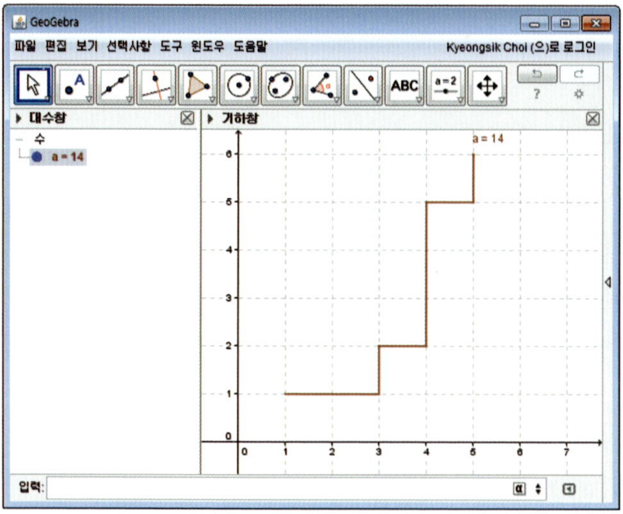

3. 계단그래프[{ 1 , 3 , 4 , 5 } , { 1 , 2 , 5 , 6 }]

[실행결과]

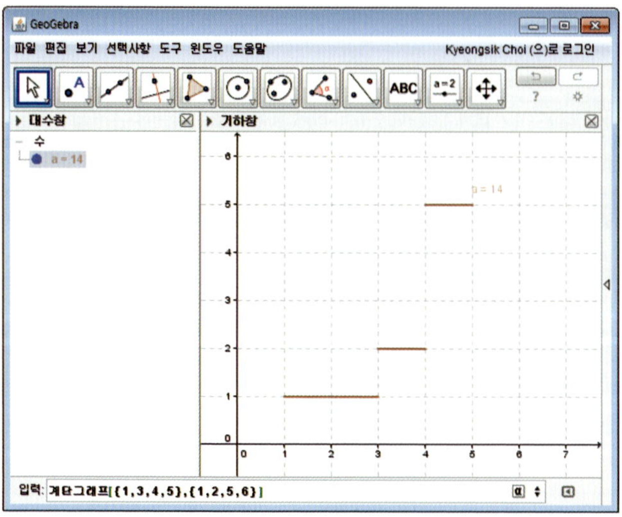

4. 계단그래프[{ (1 , 1) , (3 , 2) , (4 , 5) , (5 , 6) } , false , 2]

[실행결과]

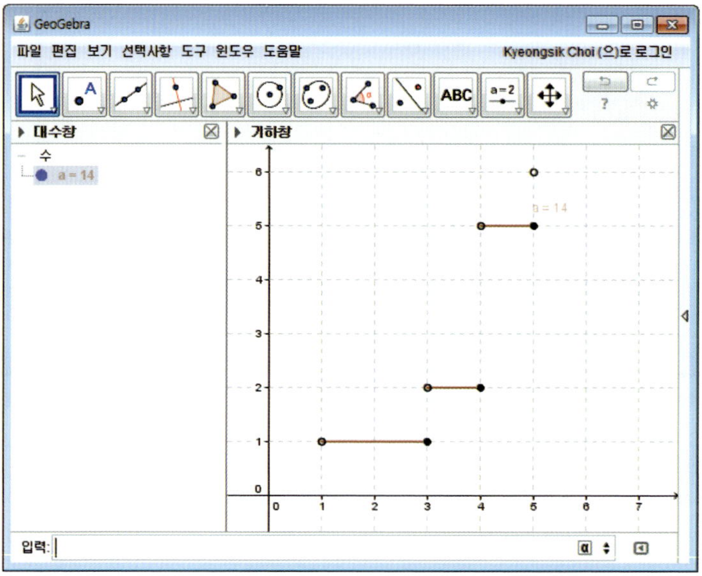

5. 계단그래프[{ 1 , 3 , 4 , 5 } , { 1 , 2 , 5 , 6 } , false]

[실행결과]

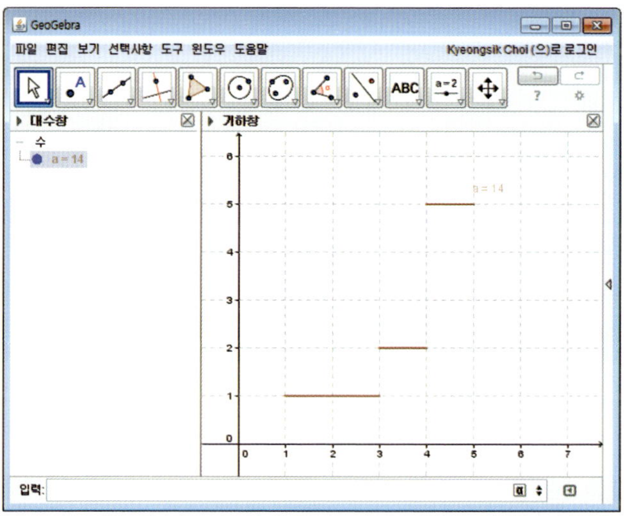

6. 계단그래프[{ 1 , 3 , 4 , 5 } , { 1 , 2 , 5 , 6 } , false , 1]

[실행결과]

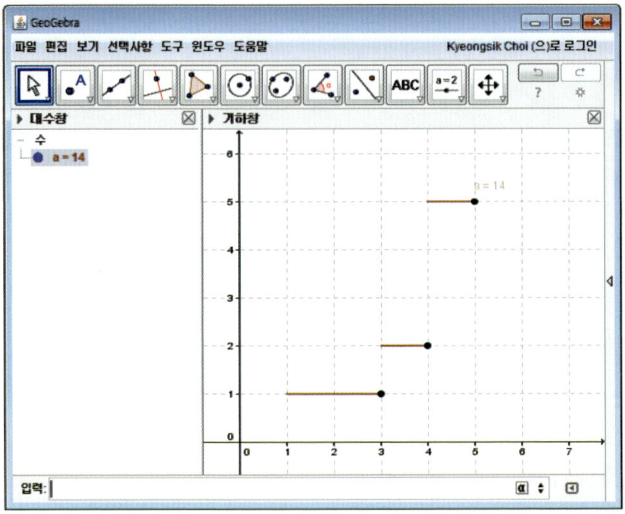

도수분포다각형(FrequencyPolygon)

문법

- 도수분포다각형[계급 경계 리스트 , 높이의 리스트]
  도수분포다각형[계급 경계 리스트 , 원자료의 리스트 , 밀도 ture|false , 밀도 계급 폭 (선택사항)]
  도수분포다각형[누적 true|false , 계급 경계 리스트 , 원자료의 리스트 , 밀도 true|false , 밀도 계급 폭 (선택사항)]

기능

- 입력한 자료에 따라 도수분포다각형을 생성한다.

예

1. 도수분포다각형[{0, 1, 2, 3, 4, 5}, {2, 6, 8, 3, 1}]

[실행결과]

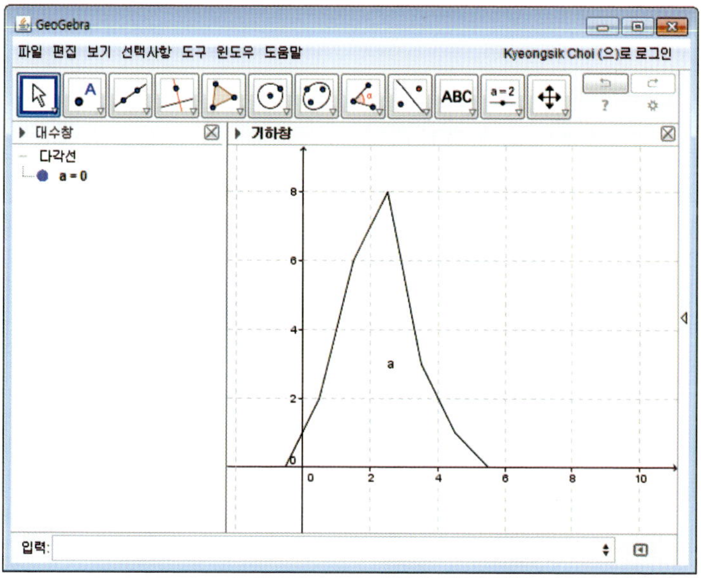

도수분포표(FrequencyTable)

문법

- 도수분포표[원자료의 리스트]
  도수분포표[누적 true|false , 원자료의 리스트]
  도수분포표[계급 경계의 리스트 , 원자료의 리스트]
  도수분포표[누적 true|false , 계급 경계값 리스트, 원자료의 리스트]
  도수분포표[계급 경계의 리스트 , 원자료의 리스트 , 밀도 true|false , 밀도 계급 폭 (선택사항)]
  도수분포표[누적 true|false , 계급 경계값 리스트 , 원자료의 리스트 , 밀도 true|false , 밀도 계급 폭 (선택사항)]

기능

- 자료에 대하여 계급에 대한 도수분포표, 누적도수분포표, 상대도수분포표, 상대누적도수분포표를 생성한다.

예

1. 리스트1에 대하여 도수분포표를 생성한다.

   도수분포표[리스트1]

2. 리스트2에 대하여 누적도수분포표를 생성한다.

   도수분포표[true , 리스트2]

3. 원자료의 리스트에 대하여 도수분포표를 생성한다.

   도수분포표[{1, 2, 3}, {1, 1, 2, 3}]

4. 리스트2에 대하여 누적도수분포표를 생성한다.

   도수분포표[true, {0, 1, 2}, 리스트2]

5. 리스트에 대하여 상대도수분포표를 생성한다.

   도수분포표[{1, 2, 3, 4} , 자료 , true , 0.1]

6. 각 계급의 상대누적도수분포표를 생성한다.

   도수분포표[true , {1, 2, 3, 4} , 자료 , true , 0.1]

막대그래프(BarChart)

문법

- 막대그래프[자료의 리스트 , 빈도의 리스트]
  막대그래프[원자료의 리스트 , 막대의 폭]
  막대그래프[자료의 리스트 , 빈도의 리스트 , 막대의 폭]
  막대그래프[시작값 , 끝값 , 높이의 리스트]
  막대그래프[시작값 , 끝값 , 식 , 변량 , 높이의 처음수 , 높이의 끝수]
  막대그래프[시작값 , 끝값 , 식 , 변량 , 높이의 처음수 , 높이의 끝수 , 폭]

기능

- 자료에 따라 막대그래프를 생성한다.

예

1. 막대그래프[{ 0.3 , 0.4 , 0.5 , 0.6 } , { 12 , 33 , 13 , 4 }]

[실행결과]

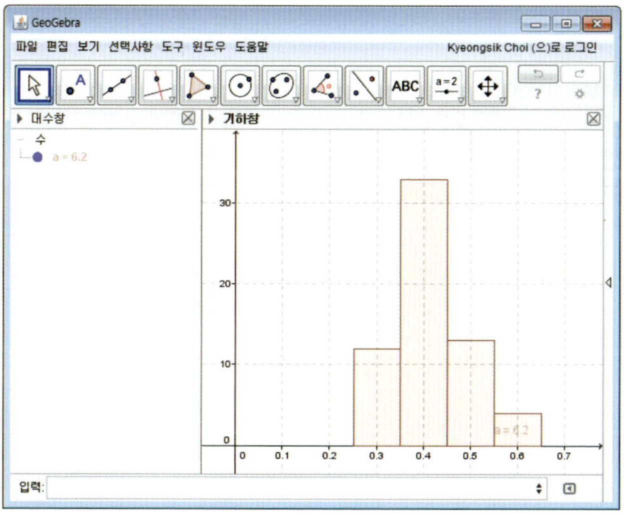

2. 막대그래프[{ 1 , 1 , 1 , 2 , 2 , 2 , 2 , 2 , 3 , 3 , 3 , 5 , 5 , 5 , 5 } , 1]

[실행결과]

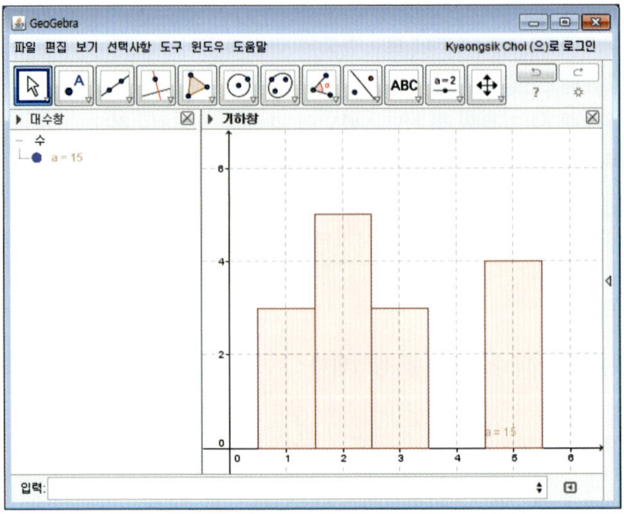

3. 막대그래프[{ 1 , 2 , 3 , 4 , 5 } , { 5 , 8 , 12 , 0 , 1 } , 0.5]

[실행결과]

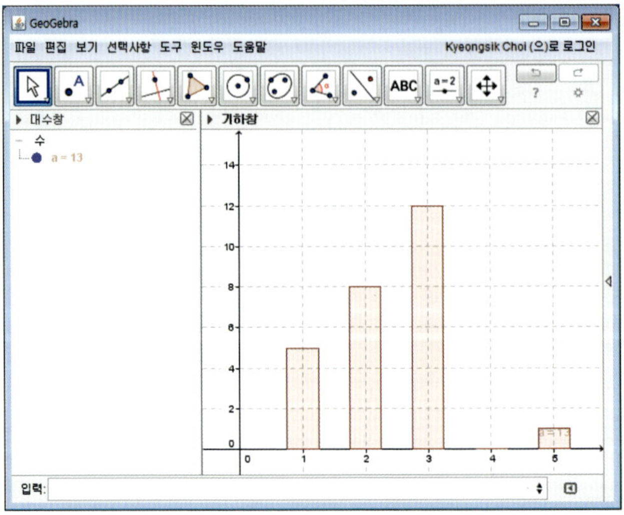

4. 막대그래프[0, 10, {1, 2, 3, 4, 5}]

[실행결과]

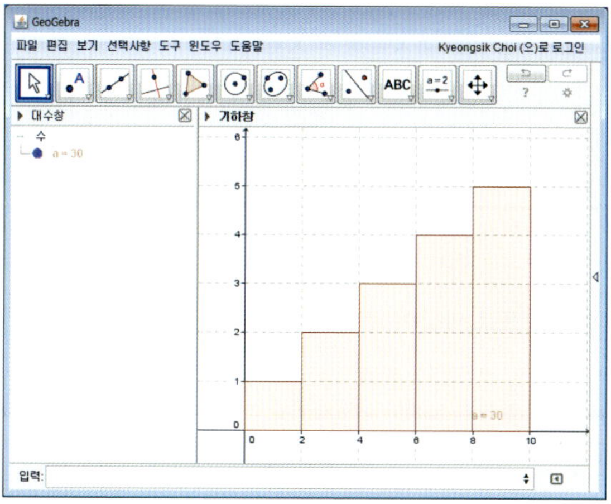

5. p=0.1

q=0.9

n=10

막대그래프[-0.5 , n + 0.5 , 수열[조합[n , k] p^k q^(n - k) , k , 0 , n]]

[실행결과]

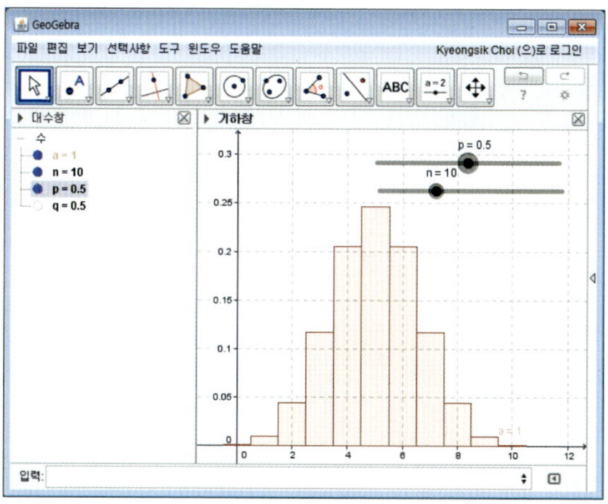

분할표(ContingencyTable)

문법

- 분할표[텍스트의 리스트, 텍스트의 리스트]
  분할표[텍스트의 리스트, 텍스트의 리스트, 선택사항]
  분할표[원자료값의 리스트, 열의 값 리스트, 도수분포표]
  분할표[원자료값의 리스트, 열의 값 리스트, 도수분포표, 선택사항]

기능

- 주어진 자료를 분할표로 만들어 준다.

예

1. 분할표[{ "남", "남", "여", "남", "여"}, { "왼손", "오른손", "오른손", "왼손" , "오른손" }]

[실행결과]

빈도	오른손	왼손	전체
남	1	2	3
여	2	0	2
전체	3	2	5

2. 분할표[{ "남", "남", "여", "남", "여"}, { "왼손", "오른손", "오른손", "왼손" , "오른손" }, "+"]

[실행결과]

빈도 합계%	오른손	왼손	전체
남	1 20	2 40	3
여	2 40	0 0	2
전체	3	2	5

상자그림 (BoxPlot)

문법

- 상자그림[y 시작위치 , y 단위 , 원자료의 리스트]
  상자그림[y 시작위치 , y 단위 , 원자료의 리스트 , 극단치 허용 true|false]
  상자그림[y 시작위치 , y 단위 , 자료의 리스트 , 빈도수의 리스트 , 극단치 허용 true|false]
  상자그림[y 시작위치 , y 단위 , 시작값 , Q1 , 중앙값 , Q3 , 끝값]

기능

- 주어진 자료로 상자그림을 생성한다.

예

1. 상자그림[0 , 1 , { 2 , 2 , 3 , 4 , 5 , 5 , 6 , 7 , 7 , 8 , 8 , 8 , 9 }]

[실행결과]

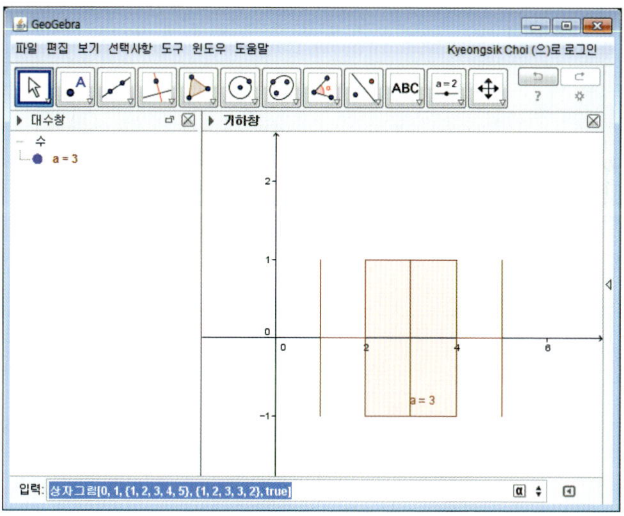

2. 상자그림[0 , 1 , { 2 , 2 , 3 , 4 , 5 , 5 , 6 , 7 , 7 , 8 , 8 , 8 , 9 , 15 } , true]

[실행결과]

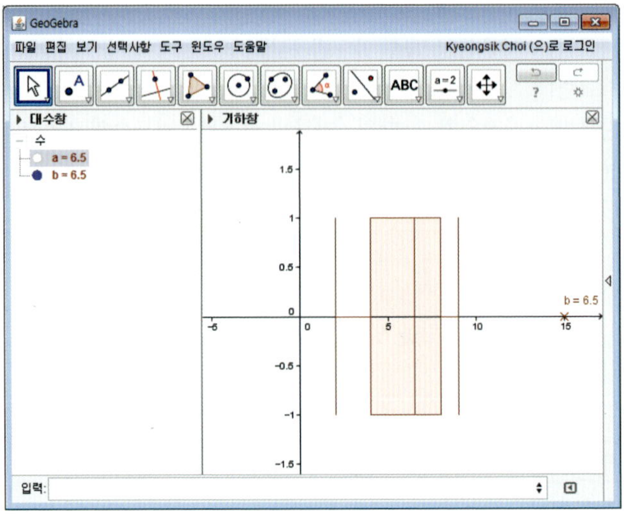

3. 상자그림[0 , 1 , { 2 , 2 , 3 , 4 , 5 , 5 , 6 , 7 , 7 , 8 , 8 , 8 , 9 , 15 } , false]

[실행결과]

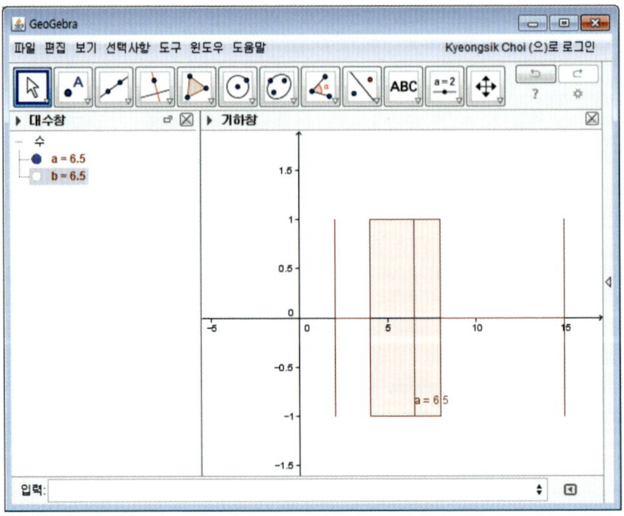

4. 상자그림[0 , 1 , { 1 , 2 , 3 , 4 , 5 } , { 1 , 2 , 3 , 3 , 2 } , true]

[실행결과]

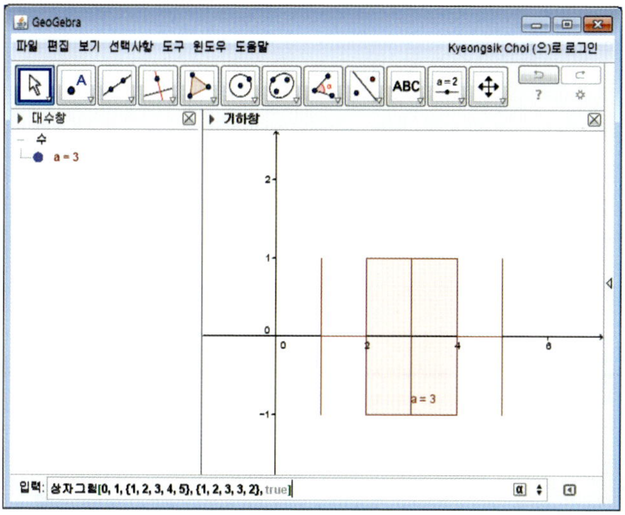

5. 상자그림[0 , 1 , 1 , 1.5 , 5 , 2 , 8]

[실행결과]

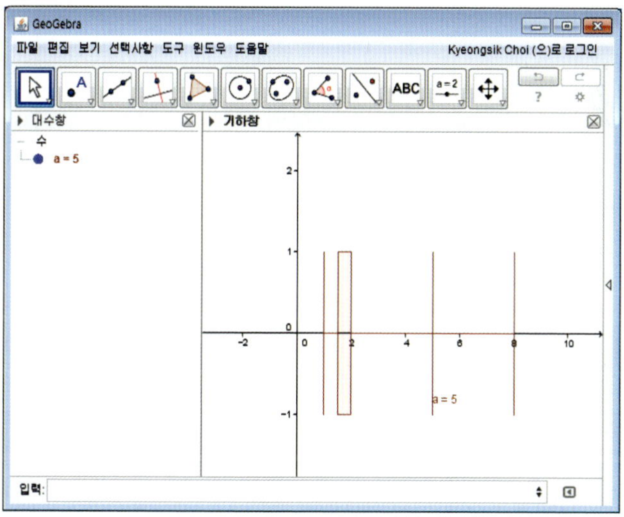

스틱그래프(StickGraph)

문법

- 스틱그래프[점의 리스트]
  스틱그래프[점의 리스트, 수평 true|false]
  스틱그래프[x좌표의 리스트, y좌표의 리스트]
  스틱그래프[x좌표의 리스트, y좌표의 리스트, 수평 true|false]

기능

- 주어진 점의 리스트로 스틱그래프를 그려준다.

예

1. 스틱그래프[{(1, 1), (3, 2), (4, 5), (5, 6)}]

[실행결과]

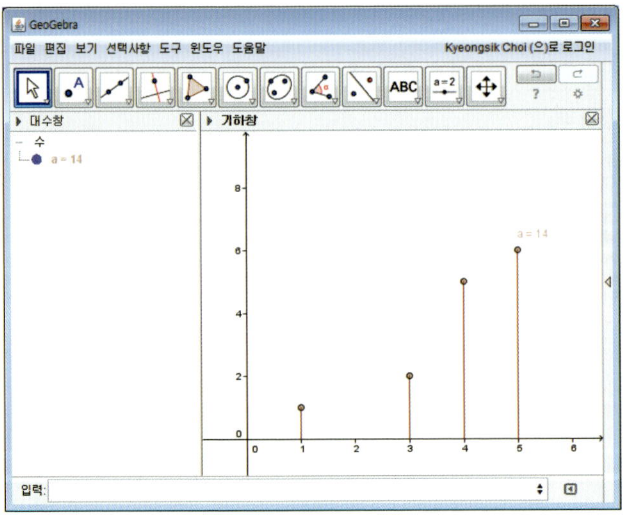

2. 스틱그래프[{ (1 , 1) , (3 , 2) , (4 , 5) , (5 , 6) } , false]

[실행결과]

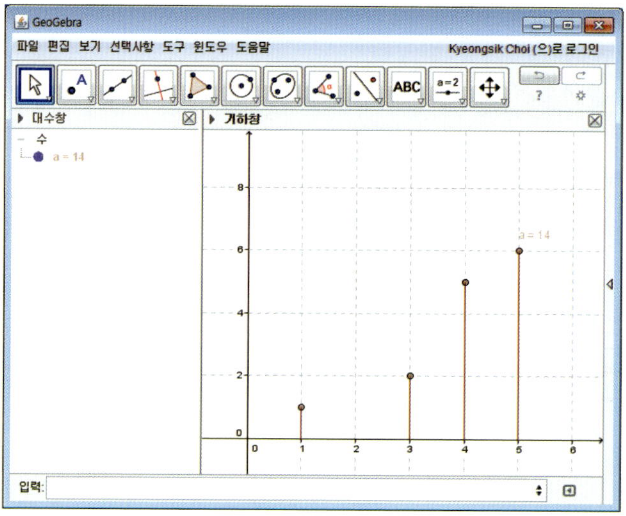

3. 스틱그래프[{1, 3, 4, 5}, {1, 2, 5, 6}]

[실행결과]

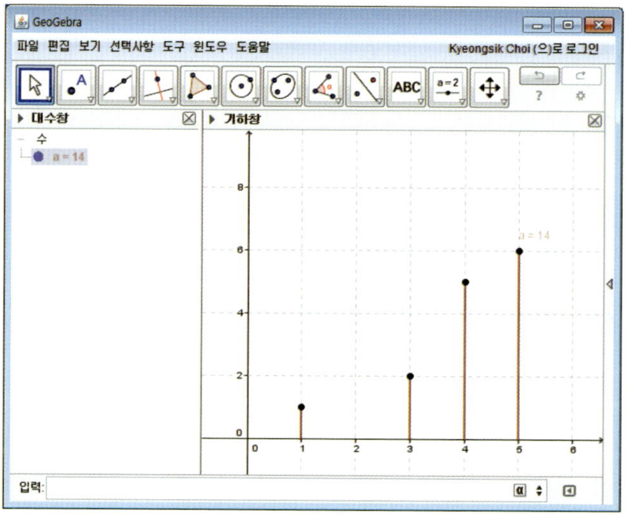

4. 스틱그래프[{1, 3, 4, 5}, {1, 2, 5, 6}, true]

[실행결과]

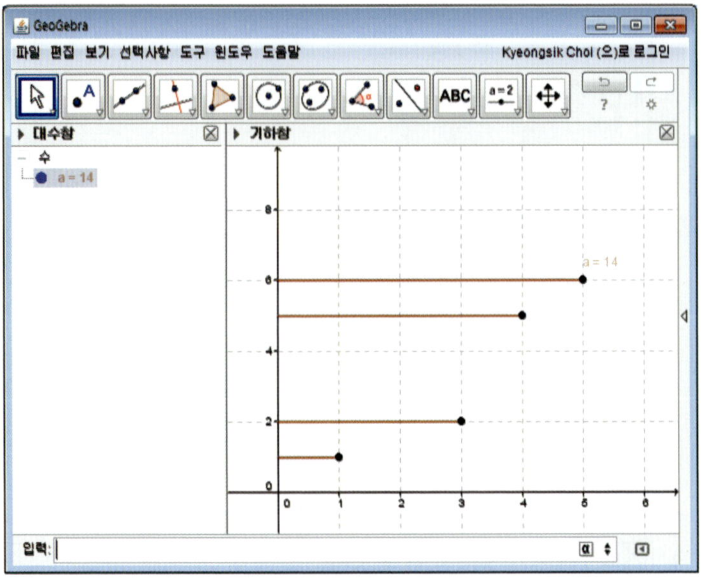

오른쪽히스토그램(HistogramRight)

문법

- 오른쪽히스토그램[계급 경계 리스트, 높이값의 리스트]
  오른쪽히스토그램[계급 경계 리스트, 원자료의 리스트, 밀도 사용, 밀도 계급 폭 (선택사항)]
  오른쪽히스토그램[누적 true|false, 계급 경계 리스트, 원자료의 리스트, 밀도 사용, 밀도 계급 폭 (선택사항)]

기능

- 주어진 자료로 오른쪽히스토그램을 그려준다.

예

1. 오른쪽히스토그램[{ 0 , 1 , 2 , 3 , 4 , 5 } , { 2 , 6 , 8 , 3 , 1 }]

[실행결과]

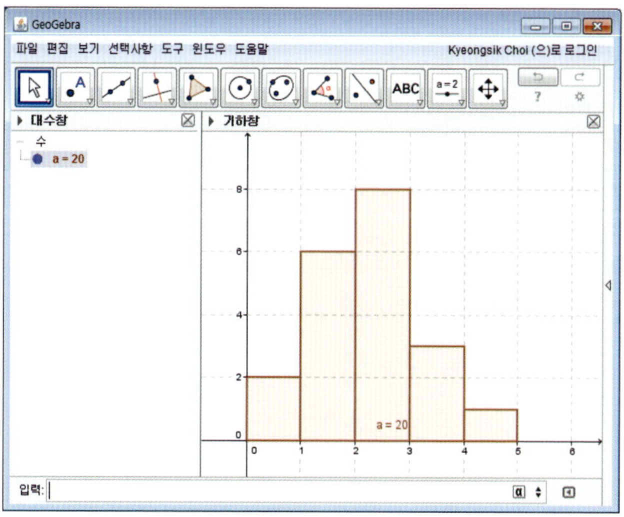

2. 오른쪽히스토그램[{ 10 , 20 , 30 , 40 } , { 10 , 11 , 11 , 12 , 18 , 20 , 25 , 40 } , true , 0.125]

[실행결과]

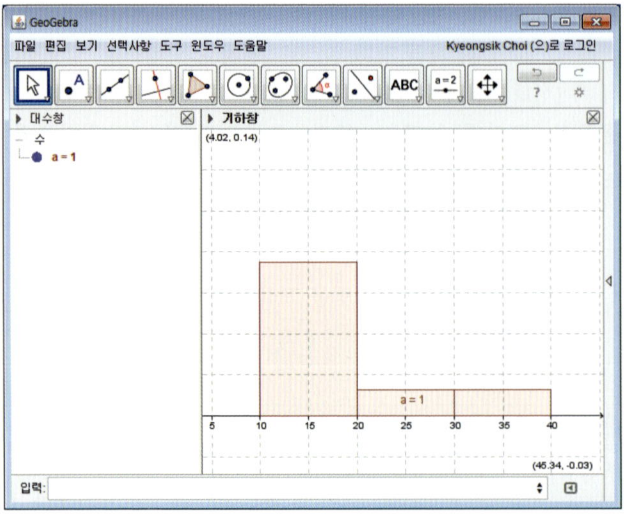

3. 오른쪽히스토그램[true , { 10 , 20 , 30 , 40 } , { 10 , 11 , 11 , 12 , 18 , 20 , 25 , 40 } , true]

[실행결과]

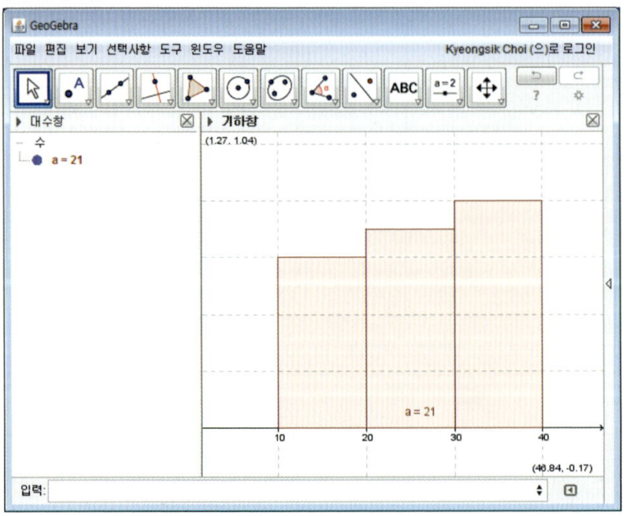

잔차그림(ResidualPlot)

문법

- 잔차그림[점의 리스트 , 함수]

기능

- 리스트의 점이 (a,b) 일 때 점 $(a,b-f(a))$ 의 리스트를 생성한다.

예

1. 잔차그림[{ (1 , 2) , (2 , 3) , (3 , 2) } , x^2]

[실행결과][1]

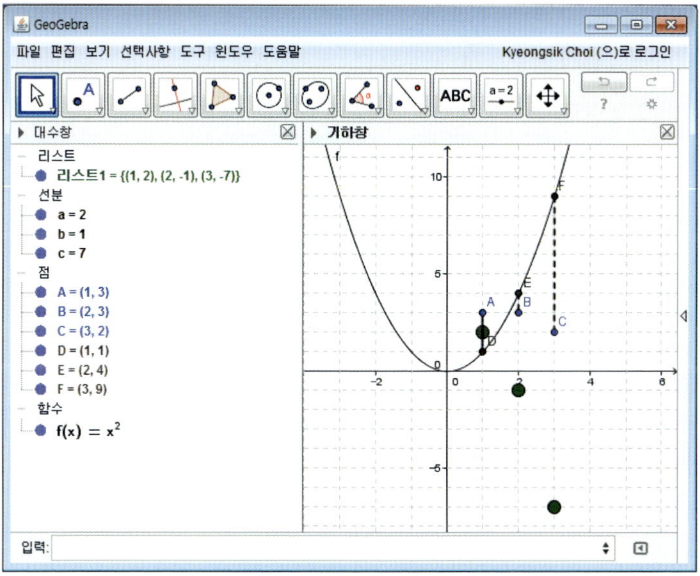

[1] [실행결과]의 함수의 그래프와 점 A, B, C 등은 참고로 제시한 것임

점그림 (DotPlot)

문법

- 점그림[원자료의 리스트]

기능

- 리스트의 서로 다른 원소를 x좌표로, 각 원소의 순서를 y좌표로 하는 점의 리스트를 생성한다. 예를 들어 3이 2번 나타나면 점그림에서는 $(3, 1)$과 $(3, 2)$가 나타나게 된다.

예

1. 리스트 {2,5,3,4,3,5,3}에 대한 점그림을 생성한다.

   점그림[{2,5,3,4,3,5,3}]

   [실행결과]

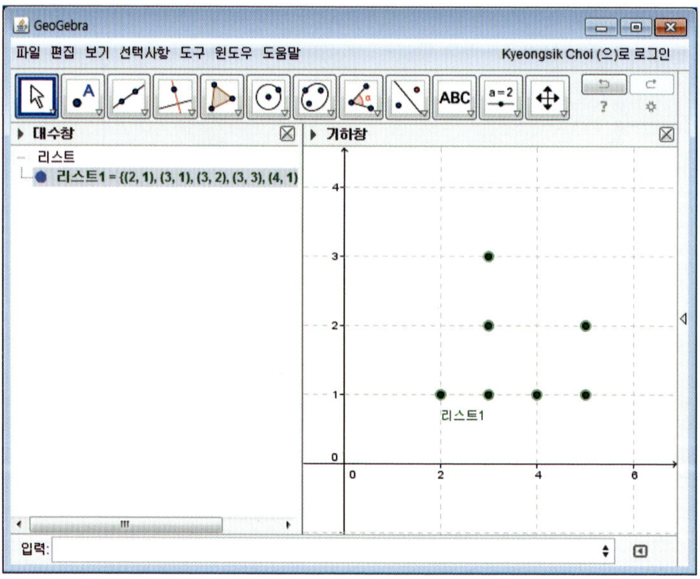

정규4분위수그림(NormalQuantilePlot)

문법

- 정규4분위수그림[데이터의 리스트]

기능

- 자료의 리스트에 대한 정규4분위수그림을 생성한다.

예

1. 정규4분위수그림[{2,5,3,4,3,5,3}]

[실행결과]

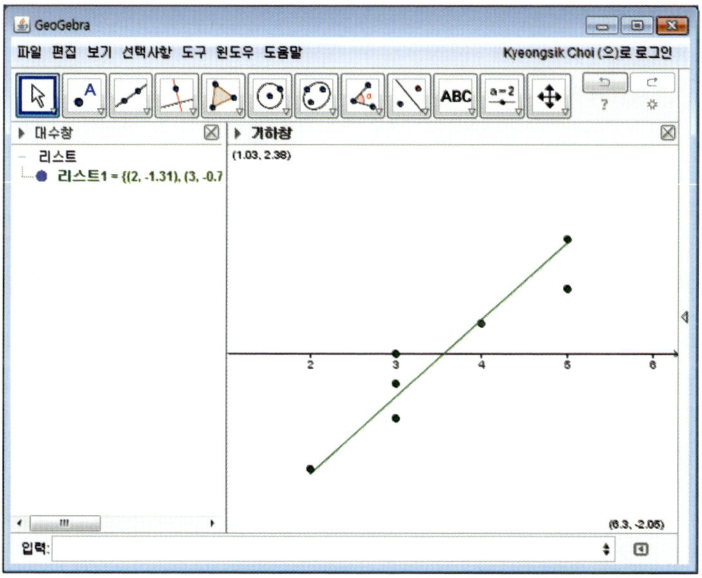

줄기잎그림(StemPlot)

문법

- 줄기잎그림[리스트]
  줄기잎그림[리스트, 조정 -1|0|1]

기능

- 자료의 리스트에 대한 줄기잎그림을 생성한다.

예

1. 줄기잎그림[{ 11 , 13 , 15 , 34 , 18 , 27 , 42 , 26 }]

[실행결과]

1	1 3 5 8
2	6 7
3	4
4	2

읽는 방법: 3|1 은(는) 31 을(를) 의미합니다.

2. 줄기잎그림[{ 11 , 13 , 15 , 34 , 18 , 27 , 42 , 26 } , 1]

[실행결과]

0	1 1 2 2 3 3 3 4

읽는 방법: 3|1 은(는) 310 을(를) 의미합니다.

히스토그램(Histogram)

문법

- 히스토그램[계급 경계 리스트 , 높이값의 리스트]
  히스토그램[계급 경계 리스트 , 원자료의 리스트 , 밀도 사용 , 밀도 계급폭 (선택사항)]
  히스토그램[누적 true|false , 계급 경계 리스트 , 원자료의 리스트 , 밀도 사용 , 밀도 계급폭 (선택사항)]

기능

- 주어진 자료에 대한 히스토그램을 생성한다.

예

1. 히스토그램[{0 , 1 , 2 , 3 , 4 , 5} , {2 , 6 , 8 , 3 , 1}]

[실행결과]

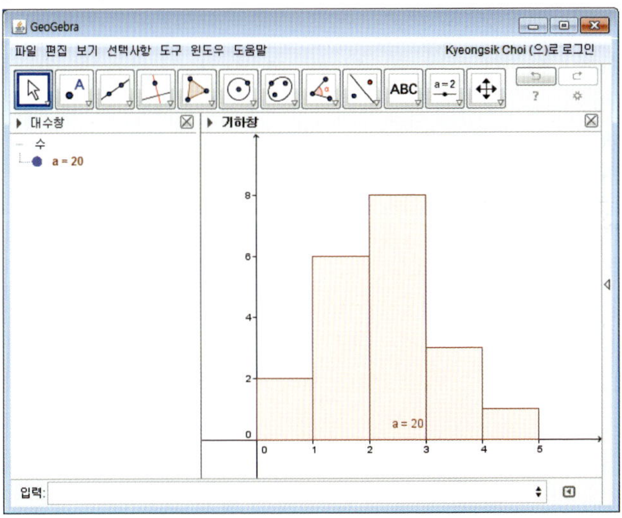

2. 히스토그램[{ 10 , 20 , 30 , 40 } , { 10 , 11 , 11 , 12 , 18 , 20 , 25 , 40 } , true , 0.125]

[실행결과]

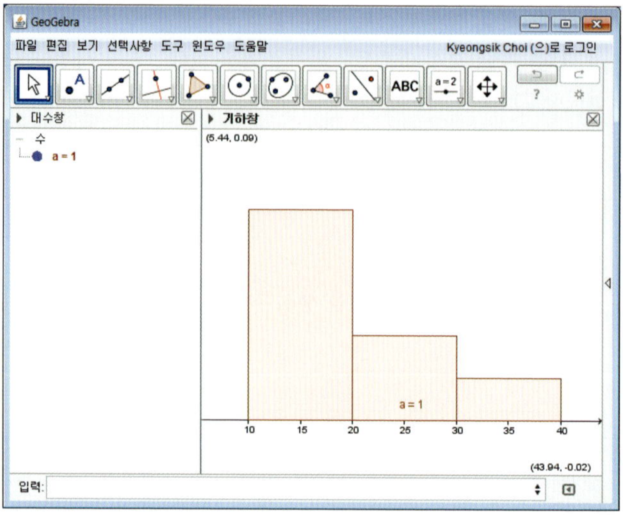

3. 히스토그램[true , { 10 , 20 , 30 , 40 } , { 10 , 11 , 11 , 12 , 18 , 20 , 25 , 40 } , true]

[실행결과]

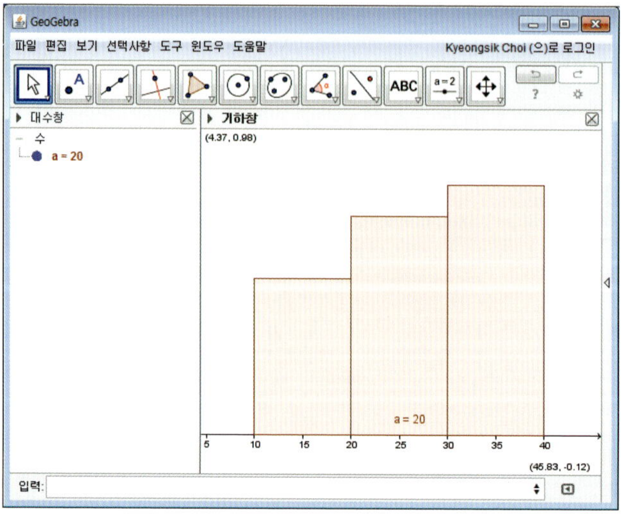

7. 리스트 명령어

계급(Classes)

문법

- 계급[자료의 리스트 , 계급의 수]
  계급[자료의 리스트 , 시작 , 계급의 폭]

기능

- 리스트에 대한 계급의 경계값을 구한다.

예

1. 세 계급의 경계값 가운데 첫째값은 자료의 최솟값이고 마지막 값은 자료의 최댓값인 경계값의 리스트를 생성한다.[1]

   계급[A1:A7 , 3]

2. 시작값이 0이고 계급의 폭이 1인 계급의 경계값을 구해준다.

   계급[A1:A7 , 0 , 1]

[1]이 때 스프레드시트창의 A1셀부터 A7셀까지는 자료가 입력되어 있다고 가정한다. 지오지브라는 스프레드시트셀 A1:A7을 리스트로 인식한다.

곱(Product)

문법

- 곱[자료의 리스트]
  곱[수의 리스트 , 원소의 개수]
  곱[수의 리스트 , 도수의 리스트]

CAS 전용 문법

- 곱[식의 리스트]
  곱[식 , 변수 , 시작 인덱스 , 끝 인덱스]

기능

- 리스트의 원소의 곱을 구한다.

예

1. A1:A3의 원소의 곱을 구한다.

   곱[A1:A3]

2. A5:A8의 원소 가운데 처음 3개의 곱을 구한다.

   곱[A5:A8 , 3]

3. A1:A5의 각 원소에 대한 거듭제곱 지수의 리스트를 B1:B5라고 할 때, A1:A5의 각 원소를 거듭제곱한 후 서로 곱한 값을 구한다.[2]

   곱[A1:A5 , B1:B5]

   유사한 예로 다음을 들 수 있다.

   곱[{ sqrt(2) , cbrt(3) , sqrt(5) , cbrt(-7) } , { 4 , 3 , 2 , 3 }]

[2] 두 리스트의 크기가 일치해야 한다.

교집합(Intersection)

문법

- 교집합[리스트 , 리스트]

기능

- 두 리스트의 교집합인 리스트를 생성한다.

도수(Frequency)

문법

- 도수[원자료의 리스트]
  도수[누적 true|false , 원자료의 리스트]
  도수[계급 경계의 리스트 , 원자료의 리스트]
  도수[텍스트의 리스트 , 텍스트의 리스트]
  도수[누적 true|false , 계급 경계값 리스트 , 원자료의 리스트]
  도수[계급 경계의 리스트 , 원자료의 리스트 , 밀도 true|false , 밀도 계급 폭 (선택사항)]
  도수[누적 true|false , 계급 경계값 리스트 , 원자료의 리스트, 밀도 true|false , 밀도 계급 폭 (선택사항)]

기능

- 자료의 계급에 대한 도수, 누적도수, 상대도수, 상대누적도수를 구한다.
- 자료에 대한 분할표를 생성한다.

예

1. 리스트1의 원소의 도수를 구한다.

```
도수[ 리스트1 ]
```

2. 리스트2의 원소의 누적도수를 구한다.

```
도수[ true , 리스트2 ]
```

3. 자료의 리스트에서 계급에 속하는 도수를 구한다.

```
도수[ { 1 , 2 , 3 } , { 1, 1 , 2 , 3} ]
```

4. 두 리스트에 대한 분할표를 생성한다.

```
도수[ 리스트1 , 리스트3 ]
```

5. 각 계급의 누적도수를 구한다.

```
도수[ true , { 0 , 1 , 2 } , 리스트2 ]
```

6. 각 계급의 상대도수를 구한다.

```
도수[ { 1 , 2 , 3 , 4 } , 자료의 리스트 , true , 0.1 ]
```

7. 각 계급의 상대누적도수를 구한다.

```
도수[ true , { 1 , 2 , 3 , 4 } , 자료의 리스트 , true , 0.1 ]
```

동순위(TiedRank)

문법

- 동순위[리스트]

기능

- 리스트의 원소를 오름차순으로 정리했을 때의 순위를 구한다. 같은 원소가 여럿이면 평균 순위를 구한다.

예

1. 리스트의 원소의 순위를 구한다.[3]

```
동순위[ { 4 , 1 , 2 , 3 , 4 , 2 } ]
```

```
[실행결과]
{ 5.5 , 1 , 2.5 , 4 , 5.5 , 2.5 }
```

랜덤원소(RandomElement)

문법

- 랜덤원소[리스트]

기능

- 리스트의 원소 중에서 임의로 한 원소를 선택한다.[4]

예

1. 리스트 { 3 , 2 , -4 , 7 } 가운데 임의로 한 원소를 선택한다.

```
랜덤원소[ { 3 , 2 , -4 , 7 } ]
```

[3] 2와 4는 2개 있으므로 평균순위를 구한다.
[4] 원소는 모두 같은 종류이어야 한다.

리스트단일화(Flatten)

문법

- 리스트단일화[리스트의 리스트]

기능

- 리스트의 리스트를 하나의 리스트로 생성한다.

예

1. 리스트단일화[{ 2 , 3 , { 5 , 1 } , { { 2 , 1 , { 3 } } } }]

[실행결과]
$\{2, 3, 5, 1, 2, 1, 3\}$

마지막항(Last)

문법

- 마지막항[리스트]
  마지막항[텍스트]
  마지막항[리스트 , 원소의 수]
  마지막항[텍스트 , 원소의 수]

기능

- 리스트의 마지막 원소의 리스트나 텍스트의 마지막 글자를 구한다.

예

1. 리스트의 마지막 원소의 리스트인 { 3 }을 구한다.

   마지막항[{ 1 , 4 , 3 }]

2. 텍스트 Hello의 마지막 글자 o를 구한다.

   마지막항["Hello"]

미정의삭제(RemoveUndefined)

문법

- 미정의삭제[리스트]

기능

- 리스트의 원소 가운데 정의가 되지 않은 원소를 제외하고 나머지 원소만으로 리스트를 생성한다.

예

1. i의 범위가 -3에서 -1까지이며 값이 0.5간격으로 수가 대입될 때, 생성되는 수열의 항 가운데 $(-1)^{(-2.5)}$와 $(-1)^{(-1.5)}$는 정의되지 않으므로 제외하고 나머지 원소만으로 리스트를 생성한다.[5]

   미정의삭제[수열[(-1)^i , i , -3 , -1 , 0.5]]

반복원소제거(Unique)

문법

- 반복원소제거[리스트]

기능

- 리스트의 원소 가운데 중복되는 원소는 한 번씩만 나타나게 하여 리스트를 생성한다.

예

1. 반복되는 원소가 없는 리스트 { 1 , 2 , 4 }가 생성된다.

   반복원소제거[{ 1 , 2 , 4 , 1 , 4 }]

2. 반복되는 원소가 없는 리스트 {"Hello", "a" , "b" }가 생성된다.

   반복원소제거 [{ "a" , "b" , "Hello" , "Hello" }]

[5] {-1, 1, 1} 이다.

사상(Zip)

문법

- 사상[표현식 , 변수 1 , 리스트 1 , 변수 2 , 리스트 2 , ...]

기능

- 각 변수는 리스트의 원소이며, 여러 변수의 값을 표현식에 대입하여 얻은 항으로 이루어진 리스트를 생성한다.

예

1. 점 P와 R, 점 Q와 S의 중점을 리스트로 생성한다.

   사상[중점[A, B] , A , { P , Q } , B , { R , S }]

2. 리스트2에 있는 원소의 차수를 리스트로 생성한다.

   사상[차수[a] , a , 리스트2]

서수순서(OrdinalRank)

문법

- 서수순서[리스트]

기능

- 입력한 리스트의 원소들의 크기를 오름차순으로 정렬했을 때 그 원소가 순서에 대한 리스트를 생성한다.[6]

예

1. 원소들의 크기 순서에 따라 리스트 { 5 , 1 , 2 , 4 , 6 , 3 }이 생성된다.

   서수순서[{ 4 , 1 , 2 , 3 , 4 , 2 }]

[6]만일 두 원소의 크기가 같을 경우 왼쪽에 있는 원소의 순서가 더 앞선다.

선택된원소(SelectedElement)

문법

- 선택된원소[리스트]

기능

- 드롭다운 리스트에서 선택된 원소를 표시한다.

예

1. 리스트1 = { 1 , 2 , 3 } 의 드롭다운 리스트에서 선택된 원소를 표시한다.[7]

선택된원소[리스트1]

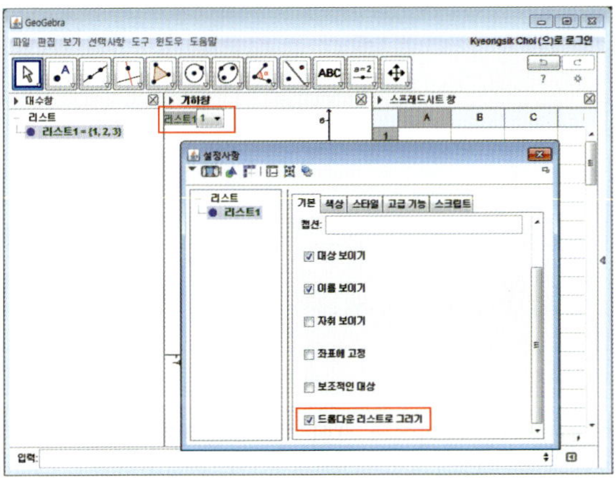

선택된인덱스(SelectedIndex)

문법

- 선택된인덱스[리스트]

기능

- 드롭다운 리스트에서 선택된 원소가 몇 번째 원소인지 표시한다.

[7] 리스트1의 설정사항에서 '드롭다운 리스트로 그리기'를 선택하면 드롭다운 리스트가 나타난다.

수열(Sequence)

문법

- 수열[끝값]
  수열[표현식 , 변수 , 시작값 , 끝값]
  수열[표현식 , 변수 , 시작값 , 끝값 , 증가분]

기능

- 변수가 변하는 범위 안에서 표현식의 값을 리스트로 생성한다.

예

1. 수열[4]

[실행결과]
$\{1, 2, 3, 4\}$

2. 2^수열[4]

[실행결과]
$\{2^1, 2^2, 2^3, 2^4\}$

3. 변수 i에 범위 안의 수를 대입하여 점의 리스트를 생성한다.

수열[(2 , i) , i , 1 , 5]

[실행결과]
$\{(2,1), (2,2), (2,3), (2,4), (2,5)\}$

4. 변수 i에 0.5씩 증가한 수를 대입하여 점의 리스트를 생성한다.

수열[(3 , i) , i , 1 , 3 , 0.5]

[실행결과]
$\{(3,1), (3, \frac{3}{2}), (3,2), (3, \frac{5}{2}), (3,3)\}$

역순 (Reverse)

문법

- 역순[리스트]

기능

- 리스트의 원소가 역순으로 정렬된 리스트를 생성한다.

연결 (Join)

문법

- 연결[리스트의 리스트]

기능

- 여러 리스트가 연결된 리스트를 생성한다.

예

1. 연결[{ { 1 , 2 , 3 } , { 3 , 4 } , { 8 , 7 } }]

[실행결과]
{1, 2, 3, 3, 4, 8, 7}

원소 (Element)

문법

- 원소[리스트 , 원소의 위치]
  원소[행렬 , 행 , 열]
  원소[리스트 , 인덱스1 , 인덱스2 , ...]

기능

- 주어진 리스트나 행렬에서 입력한 위치의 원소를 구한다.

예

1. 리스트 {1 , 3 , 2 }의 2번째 원소인 3을 구한다.

```
원소[ { 1 , 3 , 2 } , 2 ]
```

2. $\text{행렬1} = \begin{pmatrix} 1 & 2 \\ 3 & 4 \end{pmatrix}$ 의 2행 1열의 원소 3을 구한다.

```
원소[ 행렬1 , 2 , 1 ]
```

인덱스(IndexOf)

문법

-
```
인덱스[ 대상 , 리스트 ]
인덱스[ 텍스트 , 텍스트 ]
인덱스[ 대상 , 리스트 , 시작 인덱스 ]
인덱스[ 텍스트 , 텍스트 , 시작 인덱스 ]
```

기능

- 입력한 대상이 리스트에서 몇 번째에 있는지 구한다.

예

1. 리스트1에서 m의 위치를 구한다.

```
인덱스[ “m” , 리스트1 ]
```

2. 텍스트 theorem에서의 m의 위치를 구한다.

```
인덱스[ “m” , “theorem” ]
```

3. 리스트1의 4번째 원소로부터 m의 위치를 구한다.

```
인덱스[ “m” , 리스트1 , 4 ]
```

4. 텍스트 theorem의 2번째 문자부터 o의 위치를 구한다.

```
인덱스[ “o”, “theorem” , 2 ]
```

점리스트(PointList)

문법

- 점리스트[리스트]

기능

- 원소가 두 개인 리스트의 리스트를 변환하여 점의 리스트를 생성한다.

예

1. 점리스트[{ { 1 , 2 } , { 3 , 4 } }]

[실행결과]
$\{(1,2),(3,4)\}$

첫항(First)

문법

- 첫항[리스트]
  첫항[텍스트]
  첫항[리스트 , 원소의 수]
  첫항[텍스트 , 원소의 수]
  첫항[자취 , 원소의 수]

기능

- 입력한 리스트의 첫항이나 첫항에서 몇 번째까지의 항을 구해 리스트를 생성한다.

예

1. { 1 , 4 , 3 }에 대한 첫항의 리스트 { 1 }을 생성한다.

   첫항[{1, 4, 3}]

2. 텍스트 Hello의 첫 글자 H를 구한다.

```
첫항[ "Hello" ]
```

3. {1, 4, 3}의 처음 두 원소의 리스트 {1, 4}를 생성한다.

```
첫항[ {1, 4, 3}, 2 ]
```

4. 텍스트 Hello의 첫 두 글자인 He를 구한다.

```
첫항[ "Hello", 2 ]
```

5. 수치적분의 자취에서 처음 4개의 점을 구한다.

```
첫항[ 수치적분1, 4 ]
```

추가(Append)

문법

- ```
  추가[ 리스트 , 대상 ]
  추가[ 대상 , 리스트 ]
  ```

기능

- 리스트의 앞이나 뒤에 원소를 추가한 리스트를 생성한다.

예

1. 리스트의 뒤에 새로운 원소 4를 추가한 리스트를 생성한다.

```
추가[ {1, 2, 3}, 4 ]
```

2. 리스트의 앞에 새로운 원소 4를 추가한 리스트를 생성한다.

```
추가[ 4, {1, 2, 3} ]
```
```

추출(Take)

문법

- 추출[리스트 , 시작 위치]
  추출[텍스트 , 시작 위치]
  추출[리스트 , 시작 위치 , 끝 위치]
  추출[텍스트 , 시작 위치 , 끝 위치]

기능

- 리스트에서 지정한 몇 개의 원소를 추출한 리스트를 생성한다.

예

1. { 2 , 4 , 3 , 7 , 4 }의 3번째 원소에서 마지막까지 추출하여 { 3 , 7 , 4 }를 생성한다.

   추출[{ 2 , 4 , 3 , 7 , 4 } , 3]

2. GeoGebra의 3번째 글자에서 마지막까지 추출한 문자열 oGebra를 구한다.

   추출["GeoGebra" , 3]

3. { 2 , 4 , 3 , 7 , 4 }의 3번째에서 4번째까지 추출한 리스트 { 3 , 7 }을 생성한다.

   추출[{ 2 , 4 , 3 , 7 , 4 } , 3 , 4]

4. GeoGebra의 3번째 글자에서 6번째 글자까지 추출하여 oGeb를 구한다.

   추출["GeoGebra" , 3 , 6]

포함(Insert)

문법

- 포함[리스트 , 리스트 , 위치]
포함[대상 , 리스트 , 위치]

기능

- 리스트의 지정한 위치에 특정 원소를 포함시켜 새로운 리스트를 생성한다.

예

1. { 1 , 2 , 3 , 4 , 5 }의 앞에서 3번째 위치에 { 11 , 12 }를 포함시켜 새로운 리스트 {1, 2, 11, 12, 3, 4, 5}를 생성한다.

   ```
   포함[{ 11 , 12 } , { 1 , 2 , 3 , 4 , 5 } , 3 ]
   ```

2. { 1 , 2 , 3 , 4 , 5 }의 뒤에서 2번째 위치에 { 11 , 12 }를 포함시켜 새로운 리스트 { 1 , 2 , 3 , 4 , 11 , 12 , 5 }를 생성한다.

   ```
   포함[ { 11 , 12 } , { 1 , 2 , 3 , 4 , 5 } , -2 ]
   ```

3. { 1 , 2 , 3 , 4 , 5 }의 앞에서 3번째 위치에 x^2를 포함시켜 새로운 리스트 { 1 , 2 , x^2 , 3 , 4 , 5 }를 생성한다.

   ```
   포함[ x^2 , { 1 , 2 , 3 , 4 , 5 } , 3 ]
   ```

4. { 1 , 2 , 3 , 4 , 5 }의 뒤에서 2번째 위치에 x^2를 포함시켜 새로운 리스트 { 1 , 2 , 3 , 4 , x^2 , 5 }를 생성한다.

   ```
   포함[ x^2 , { 1 , 2 , 3 , 4 , 5 } , -2 ]
   ```

합집합(Union)

문법

- 합집합[리스트 , 리스트]
합집합[다각형 , 다각형]

기능

- 두 리스트의 합집합인 리스트를 생성한다.
- 두 다각형의 합집합인 다각형을 생성한다.

예

1. 두 집합의 합집합인 리스트를 생성한다.

   합집합[{1,2,3,4,5},{3,2,1,7}]

2. 두 다각형의 합집합인 다각형을 생성한다.

   합집합[다각형1 , 다각형2]

[실행결과]

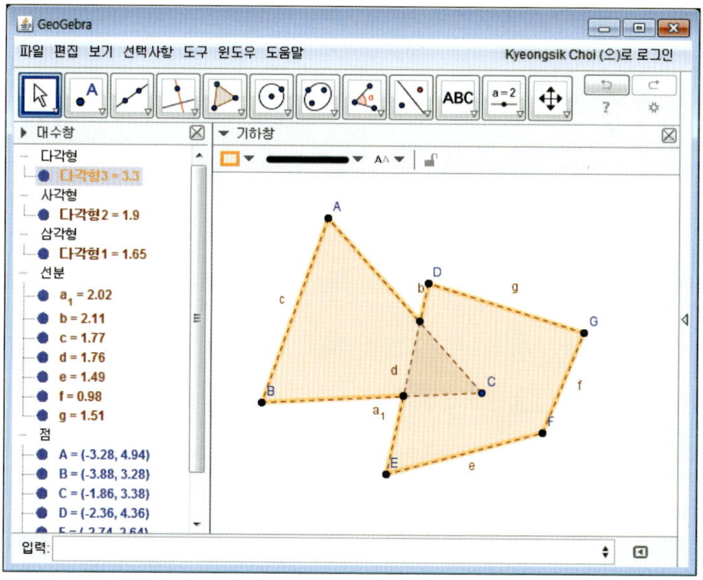

지오지브라 명령어
실행가이드북

GeoGebra

8. 벡터와 행렬 명령어

단위벡터(UnitVector)

문법

- 단위벡터[벡터]
  단위벡터[직선]
  단위벡터[선분]

기능

- 주어진 벡터, 직선, 선분과 같은 방향의 크기가 1인 단위벡터를 생성한다.

예

1. 벡터 u와 방향이 같은 단위벡터를 생성한다.

   ```
   단위벡터[ u ]
   ```

2. 직선 a와 방향이 같은 단위벡터를 생성한다.

   ```
   단위벡터[ a ]
   ```

3. 선분 b와 방향이 같은 단위벡터를 생성한다.

   ```
   단위벡터[ b ]
   ```

단위수직벡터(UnitPerpendicularVector)

문법

- 단위수직벡터[벡터]
  단위수직벡터[직선]
  단위수직벡터[선분]

기능

- 주어진 벡터, 직선, 선분과 수직이고 크기가 1인 단위벡터를 생성한다.

예

1. 벡터 u와 수직인 단위벡터를 생성한다.

   단위수직벡터[u]

2. 직선 a와 수직인 단위벡터를 생성한다.

   단위수직벡터[a]

3. 선분 b와 수직인 단위벡터를 생성한다.

   단위수직벡터[b]

벡터(Vector)

문법

- 벡터[점]
  벡터[시작점 , 끝점]

기능

- 원점을 시작점으로 하는 벡터나 두 점 사이의 벡터를 생성한다.

예

1. 점 A가 시작점이고 점 B가 끝점인 벡터를 생성한다.

   벡터[A , B]

수직벡터 (PerpendicularVector)

문법

- 수직벡터[직선]
  수직벡터[선분]
  수직벡터[벡터]

기능

- 주어진 직선, 선분, 벡터와 수직인 벡터를 생성한다.

예

1. 벡터 u에 수직이고 크기가 같은 벡터를 생성한다.

   수직벡터[u]

2. 선분 b에 수직이고 크기가 같은 벡터를 생성한다.

   수직벡터[b]

에쉴론폼 (ReducedRowEchelonForm)

문법

- 에쉴론폼[행렬]

기능

- 주어진 행렬의 에쉴론폼을 생성한다.

역연산(Invert)

문법

- 역연산[행렬]
  역연산[함수]

기능

- 주어진 행렬의 역행렬을 생성한다.
- 주어진 함수의 역함수를 생성한다.

예

1. 행렬1의 역행렬을 생성한다.

   역연산[행렬1]

2. 함수 $f(x) = \ln(x)$ 의 역함수를 생성한다.

   역연산[ln(x)]

전치행렬(Transpose)

문법

- 전치행렬[행렬]

기능

- 주어진 행렬의 전치행렬을 생성한다.

차원(Dimension)

문법

- 차원[대상]

기능

- 벡터나 행렬의 차원을 구한다.

예

1. 행렬1의 행과 열의 차원 리스트를 생성한다.

   차원[행렬1]

항등행렬(Identity)

문법

- 항등행렬[수]

기능

- 주어진 차수의 항등행렬을 생성한다.

행렬계수(MatrixRank)

문법

- 행렬계수[행렬]

기능

- 주어진 행렬의 행렬계수를 구한다.

행렬식(Determinant)

문법

- 행렬식[행렬]

기능

- 주어진 행렬의 행렬식을 구한다.

예

1. 행렬 A의 행렬식을 구한다.

```
행렬식[ A ]
```

행렬적용(ApplyMatrix)

문법

- 행렬적용[행렬 , 대상]

기능

- 대상의 행렬에 대한 일차변환의 상을 생성한다.

예

1. 점 A의 행렬 M에 대한 일차변환의 상을 생성한다.

```
행렬적용[ M , A ]
```

9. 변환 명령어

늘이기(Stretch)

문법

- 늘이기[대상 , 벡터]
  늘이기[대상 , 직선 , 비율]

기능

- 대상을 주어진 벡터의 방향으로 벡터의 크기의 비율로 늘인 대상을 생성한다.

예

1. 원 c를 벡터 u의 방향으로 늘인 타원을 생성한다.

   늘이기[c , u]

2. 다각형1을 직선 a의 방향으로 비율이 2가 되로록 늘인 대상을 생성한다.

   늘이기[다각형1 , a , 2]

대칭(Reflect)

문법

- 대칭[대상 , 점]
  대칭[대상 , 직선]
  대칭[대상 , 원]

기능

- 대상을 점, 직선, 원에 대하여 대칭시킨 상을 생성한다.

예

1. 원 c를 점 A에 대하여 대칭시킨 원을 생성한다.

```
대칭[ c , A ]
```

전단(Shear)

문법

- `전단[ 대상 , 직선 , 비율 ]`

기능

- 대상을 직선 방향으로 입력한 비율만큼 변환시킨 대상을 생성한다.

예

1. 원 c를 직선 a의 방향벡터의 방향으로 비율 2만큼 변환시킨 타원을 생성한다.

```
전단[ c , a , 2 ]
```

[실행결과]

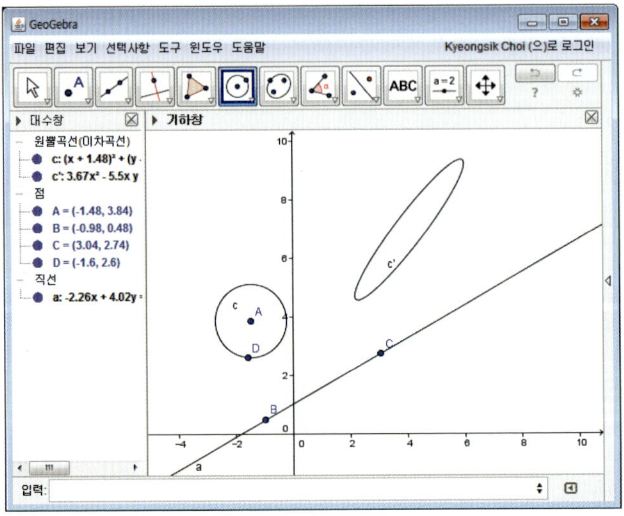

평행이동(Translate)

문법

- 평행이동[대상 , 벡터]
  평행이동[벡터 , 시작점]

기능

- 대상을 주어진 벡터만큼 평행이동한 대상을 생성한다.

예

1. 다각형1을 벡터 u만큼 평행이동한 다각형을 생성한다.

   평행이동[다각형1 , u]

2. 벡터 u를 시작점이 D가 되도록 평행이동한 벡터를 생성한다.

   평행이동[u , D]

확대(Dilate)

문법

- 확대[대상 , 확대 비율]
  확대[대상 , 확대 비율 , 확대 중심점]

기능

- 대상을 주어진 비율만큼 확대한 대상을 생성한다.

예

1. 원 c를 원점을 중심으로 2배 확대한 원을 생성한다.

   확대[c , 2]

2. 다각형1을 점 F를 중심으로 2배 확대한 다각형을 생성한다.

   확대[다각형1 , 2 , F]

회전(Rotate)

문법

- 회전[대상 , 각]
  회전[대상 , 각 , 점]

기능

- 대상을 주어진 각만큼 회전한 대상을 생성한다.

예

1. 다각형1을 원점을 중심으로 60° 회전한 다각형을 생성한다.

   회전[다각형1 , 60°]

2. 원 d를 점 D를 중심으로 45° 회전한 원을 생성한다.

   회전[d , 45° , D]

10. 스크립트 명령어

값설정(SetValue)

문법

- 값설정[대상, 대상]
  값설정[리스트, 수, 대상]

기능

- 대상의 값을 주어진 값으로 변경한다.

예

1. 체크상자 a의 진릿값을 false로 변경한다.

   값설정[a , false]

2. 함수 f를 리스트의 원소 가운데 하나로 변경한다.

   값설정[f , 랜덤원소[{ cos(x) , 3x+2 , ln(x) }]

3. 리스트1의 2번째 원소를 점 B의 x좌표로 변경한다.

   값설정[리스트1 , 2 , x(B)]

격자보이기 (ShowGrid)

문법

- 격자보이기[ ]
  격자보이기[true|false]
  격자보이기[기하창 , true|false]

기능

- 기하창에 격자를 나타내거나 숨긴다.

예

1. 기하창에 격자를 나타나게 한다.

   격자보이기[ ]

2. 기하창에 격자를 숨긴다.

   격자보이기[false]

3. 기하창 2에 격자를 나타나게 한다.

   격자보이기[2 , true]

고정여부설정 (SetFixed)

문법

- 고정여부설정[대상 , true|false]

기능

- 대상의 고정여부를 지정한다.

예

1. 다각형1을 고정한다.

   고정여부설정[다각형1 , true]

구성새로고침(UpdateConstruction)

문법

- 구성새로고침[]

기능

- 모든 대상을 다시 계산한다.

예

1. 구성새로고침의 횟수를 10번 시행한다.

   수열[구성새로고침[ ] , k , 1 , 10]

기록시작(StartLogging)

문법

- 기록시작[“센서” , 변수 , “센서” , 변수 , …]

기능

- 기기에서 자료를 기록한다.[1]

기록정지(StopLogging)

문법

- 기록정지[ ]

기능

- 자료 기록을 정지한다.

---

[1]예. 스마트폰

대상보이기조건설정(SetConditionToShowObject)

문법

- 대상보이기조건설정[대상, 조건]

기능

- 조건에 따라 대상을 나타내거나 숨긴다.

예

1. 점 A의 좌표가 0보다 크면 타원 c를 나타나게 한다.

```
대상보이기조건설정[ c , x(A) > 0 ]
```

대상선택(SelectObjects)

문법

- 대상선택[ ]
  대상선택[대상 , 대상 , …]

기능

- 대상을 선택한다.

예

1. 점 A, B, C를 선택한다.

```
대상선택[ A , B , C ]
```

도구도움말모드설정(SetTooltipMode)

문법

- 도구도움말모드설정[대상 , 수]

기능

- 도구도움말 모드를 설정한다.

수	모드	설명
0	자동	대수창이 열려있을 때 대상에 마우스를 올려놓으면 도움말이 나타난다.
1	보이기	대수창의 열림에 관계없이 도움말이 나타난다.
2	보이지 않기	대상에 마우스를 올려놓아도 도움말이 나타나지 않는다.
3	캡션	대상에 마우스를 올려놓으면 캡션이 나타난다.
4	오른쪽 셀	대상이 스프레드 시트창에 있을 때 오른쪽 셀에 있는 대상을 보여준다.

예

1. 기하창의 점 A에 마우스를 올려놓으면 캡션이 나타난다.

도구도움말모드설정[A , 3]

[실행결과]

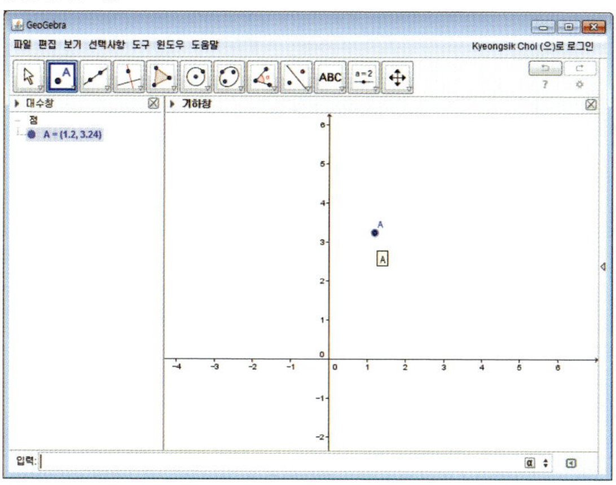

동적색상설정(SetDynamicColor)

문법

- 동적색상설정[대상 , R(빨강) , G(녹색) , B(파랑)]
  동적색상설정[대상 , R(빨강) , G(녹색) , B(파랑) , 투명도]

기능

- 대상의 색상을 다양하게 설정한다.[2]

예

1. 원 c의 색상에 있어 빨강, 녹색, 파랑, 투명도가 자동으로 변경된다.

   동적색상설정[c , 1/10 랜덤[0 , 10] , 1/10 랜덤[0 , 10] , 1/10 랜덤[0 , 10] , 1/10 랜덤[0 , 10]]

레이블모드설정(SetLabelMode)

문법

- 레이블모드설정[대상 , 수]

기능

- 레이블이 어떻게 나타나는지 설정한다.

수	모드
0	이름
1	이름과 값
2	값
3	캡션

예

1. 점 A의 이름과 값이 동시에 레이블에 나타난다.

   레이블모드설정[A , 1]

[2]빨강, 녹색, 파랑, 투명도는 0에서 1까지의 수로 나타낸다.

레이블보이기(ShowLabel)

문법

- 레이블보이기[대상 , true|false]

기능

- 대상의 레이블을 나타내거나 숨긴다.

예

1. 점 A의 레이블을 숨긴다.

   레이블보이기[A , false]

2. 점 A의 레이블을 나타낸다.

   레이블보이기[A , true]

레이어보이기(ShowLayer)

문법

- 레이어보이기[수]

기능

- 입력한 단계의 레이어[3]에 그려진 모든 대상을 보여준다.

예

1. 3단계에 그려진 모든 대상을 보여준다.

   레이어보이기[3]

[3]지오지브라는 레이어를 0단계에서 9단계까지 설정할 수 있다. 모든 대상의 초기설정은 레이어가 0단계이며 높은 단계의 레이어가 설정된 대상은 낮은 단계의 레이어가 설정된 대상 위에 그려진다.

레이어설정(SetLayer)

문법

- 레이어설정[대상 , 레이어]

기능

- 대상을 특정 레이어에 설정한다.

예

1. 선분 a를 3단계 레이어에 설정한다.

```
레이어설정[ a , 3 ]
```

레이어숨기기(HideLayer)

문법

- 레이어숨기기[수]

기능

- 입력한 단계의 레이어에 그려진 모든 대상을 숨긴다.

예

1. 2단계의 레이어에 그려진 모든 대상을 숨긴다.

```
레이어숨기기[ 2 ]
```

마우스클릭실행스크립트(RunClickScript)

문법

- 마우스클릭실행스크립트[대상]

기능

- 대상을 마우스로 클릭할 때 다른 대상에 설정된 스크립트를 실행한다.

예

1. 점 B에 값설정[B , (1 , 1)]이 지오지브라 스크립트로 입력된 상태에서, 점 A의 지오지브라 스크립트로 마우스클릭실행스크립트[B]라고 입력하면 점 A를 클릭할 때 점 B의 위치는 (1, 1)로 변경된다.

   마우스클릭실행스크립트[B]

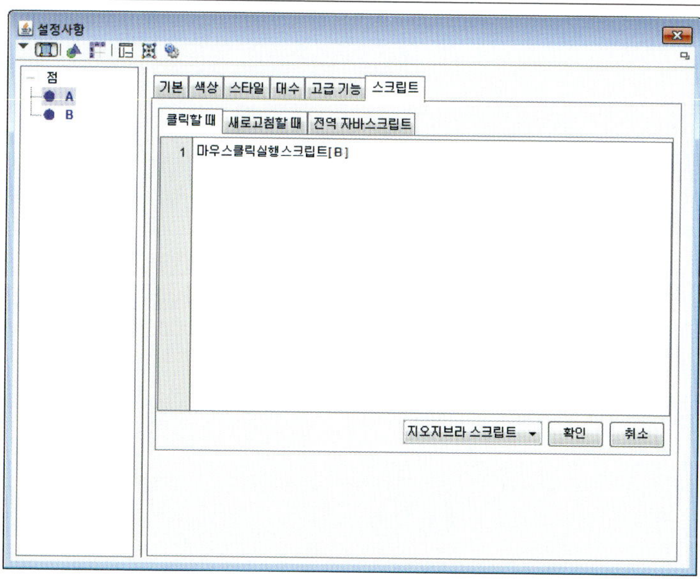

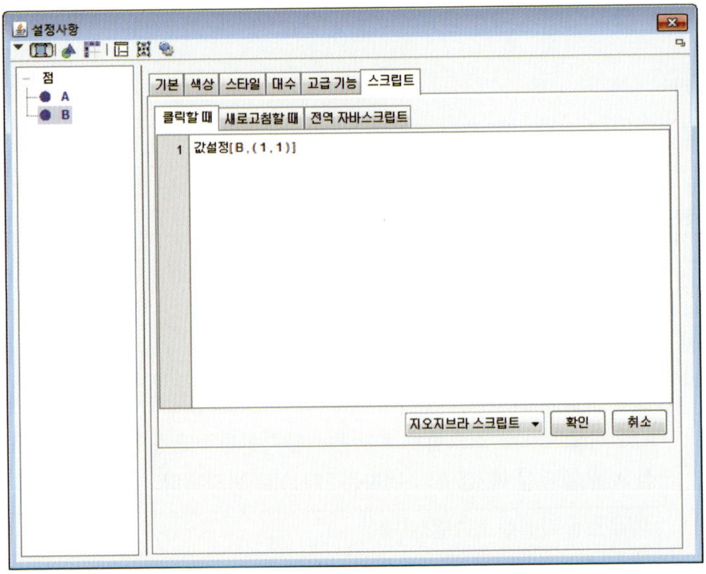
설정사항
점
A
B
기본
색상
스타일
대수
고급 기능
스크립트
클릭할 때
새로고침할 때
전역 자바스크립트
1 값설정[B,(1,1)]
지오지브라 스크립트
확인
취소

반복(Repeat)

문법

- 반복[수 , 스크립트 명령 , 스크립트 명령 , ...]

기능

- 스크립트 명령을 지정한 수만큼 반복한다.

예

1. 거북이1을 생성하고 지정한 스크립트 명령을 8회 반복한다.[4]

```
거북이[ ]
반복[ 8 , 거북이앞으로[ 거북이1 , 1 ] , 거북이오른쪽[ 거북이1 , 45° ] ]
```

[실행결과]

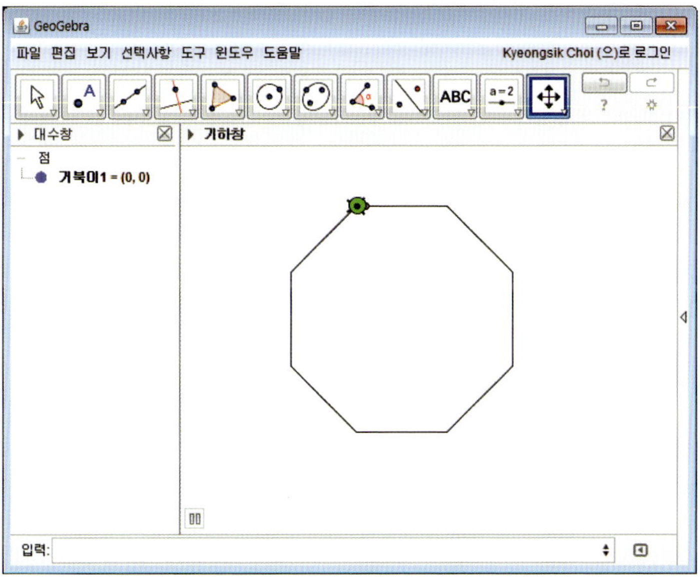

[4]거북이의 애니메이션은 화면 왼쪽 하단의 실행 버튼을 클릭하면 볼 수 있다.

배경색설정(SetBackgroundColor)

문법

- 배경색설정[대상 , "색상"]
  배경색설정[대상 , R(빨강) , G(녹색) , B(파랑)]

기능

- 대상의 배경색을 설정한다.

예

1. 텍스트1의 배경색을 터콰이즈로 설정한다.

배경색설정[텍스트1, "터콰이즈"]

[실행결과]

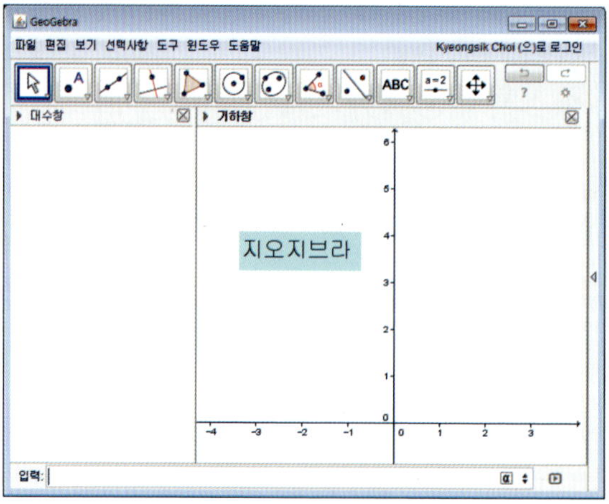

2. 스프레드시트 창에서 A1 셀의 배경색을 빨강으로 설정한다.

배경색설정[A1 , "빨강"]

3. 텍스트2의 배경색을 RGB 비율[5]에 따라 설정한다.

배경색설정[텍스트2 , 0.2 , 0.3 , 0.6]

[5]RGB 비율은 0에서 1 까지의 수를 입력한다.

버튼(Button)

문법

- ```
  버튼[ ]
  버튼[ "캡션" ]
  ```

기능

- 기하창에 버튼을 생성한다.

예

1. 기하창에 버튼을 생성한다.

   ```
   버튼[ ]
   ```

2. 기하창에 "실행" 버튼을 생성한다.

   ```
   버튼[ "실행" ]
   ```

보는방향설정(SetViewDirection)

문법

- ```
  보는방향설정[ 방향벡터 ]
  ```

기능

- 3차원 기하창에서 지정한 방향으로 보는 방향을 설정한다.

예

1. (0 , 0 , 1) 방향으로 보는 방향을 설정한다.

   ```
   보는방향설정[ ( 0 , 0 , 1 ) ]
   ```

보이기설정(SetVisibleInView)

문법

- 보이기설정[대상 , 기하창 1|2 , true|false]

기능

- 대상을 기하창에 나타내거나 숨긴다.

예

1. 원 c를 기하창2에서 숨긴다.

   보이기설정[c , 2 , false]

복사(AttachCopyToView)

문법

- 복사[대상 , 보이기 설정 0|1|2]
  복사[대상 , 보이기 설정 0|1|2 , 점 1 , 점 2 , 화면 좌표(픽셀) 1 , 화면 좌표(픽셀) 2]

기능

- 대상을 복사해서 기하창에 붙여넣는다.

예

1. 다각형1을 복사하여 기하창2에 붙여넣는다.

   복사[다각형1 , 2]

2. 다각형 1을 복사하여 점 A와 점 B의 각각 화면픽셀 좌표 (0, 0), (100, 100)이 되도록 붙여준다.[6]

   복사[다각형1 , 1 , A , B , (0 , 0) , (100 , 100)]

[6]화면픽셀 좌표 (0, 0)은 기하창의 왼쪽 상단 모서리이다.

삭제(Delete)

문법

- 삭제[대상]

기능

- 대상과 그 대상에 의존하는 모든 대상을 삭제한다.

새로고침실행스크립트(RunUpdateScript)

문법

- 새로고침실행스크립트[대상]

기능

- 대상의 새로고침실행 스크립트를 실행한다.

색상설정(SetColor)

문법

- 색상설정[대상 , "색상"]
색상설정[대상 , R(빨강) , G(녹색) , B(파랑)]

기능

- 대상의 색상설정을 변경한다.

예

1. 원 c의 색상을 분홍으로 변경한다.[7]

   색상설정[c , "분홍"]

[7] 색상은 부록에 제시되어 있다.

선굵기설정(SetLineThickness)

문법

- 선굵기설정[직선 , 수]

기능

- 직선의 굵기를 변경한다.

선스타일설정(SetLineStyle)

문법

- 선스타일설정[직선 , 수]

-

수	스타일	선모양
0	실선	————————
1	긴 파선	– – – – – – – – –
2	파선	- - - - - - - - - - - - - - - -
3	점선	··························
4	1점 쇄선	–·–·–·–·–·–·–

기능

- 직선(선분, 반직선, 벡터 등)의 선스타일을 설정한다.

예

1. 직선 a의 선스타일을 파선으로 변경한다.

   선스타일설정[a , 2]

숫자화(ParseToNumber)

문법

- 숫자화[수, 텍스트]

기능

- 텍스트로 정의된 숫자를 텍스트가 아닌 수로 변경한다.

예

1. 수 a = 3, 텍스트1 = "6" 이 정의되어 있을 때 a를 텍스트1의 내용으로 변경한다.[8]

   숫자화[a , 텍스트1]

스프레드시트기록시작(StartRecord)

문법

- 스프레드시트기록시작[ ]
  스프레드시트기록시작[진릿값]

기능

- 스프레드시트에 대상의 변화를 기록한다.

[8]수 a와 텍스트1이 자유로운 대상으로 정의가 되어야 한다

슬라이더(Slider)

문법

- 슬라이더[최솟값 , 최댓값 , 증가분 , 속도 , 폭 , 각 여부 true|false , 수평 true|false , 애니메이션 true|false , 랜덤 true|false]
- 최솟값, 최댓값 : 슬라이더의 정의역을 설정
- 증가분 : 슬라이더 값의 증가량을 설정(초기값: 0.1)
- 속도 : 애니메이션 실행할 때의 증가속도를 설정(초기값: 1)
- 폭 : 슬라이더의 폭을 설정(초기값: 100)
- 각 여부 : 슬라이더 값이 각인지 아닌지를 설정(초기값: false)
- 수평 : 슬라이더의 수평, 수직 설정(초기값: true)
- 애니메이션 : 애니메이션을 실행할 것인지 설정(초기값: false)
- 랜덤 : 구간의 임의의 값을 사용하는지 설정(초기값: false)

기능

- 입력한 조건에 맞는 슬라이더를 생성한다.

예

1. 입력한 조건에 맞는 슬라이더를 생성한다.

```
슬라이더[ -2 , 2 , 0.1 , 1 , 100 , false , true , false , false ]
```

시간(GetTime)

문법

- 시간[ ]
  시간["형식"]

기능

- 현재 시간과 날짜를 형식에 따라 리스트로 생성한다.
- Day 명령

형식	설명	예
d	날짜를 두자리수로 나타낸다.	01 ~ 31
D	요일을 세글자(영문)로 나타낸다.	일요일 ~ 토요일
j	날짜를 0으로 시작하지 않게 한다.	1 ~ 31
l	요일명을 모두 나타낸다.	일요일 ~ 토요일
N	요일을 수로 나타낸다.	1(일요일) ~ 7(토요일)
S	날짜를 서수로 나타낸다.	1st, 2nd, 3rd, ... nth
w	요일을 수로 나타낸다.	0(일요일) ~ 6(토요일)
z	날짜를 그 해의 몇번째 날인지 나타낸다.	0 ~ 365

- Week 명령

형식	설명	예
W	현재 주가 몇번째 주인지 나타낸다.	1 ~ 42

- Month 명령

형식	설명	예
F	달이름을 모두 나타낸다.	1월 ~ 12월
m	달을 두 자리수로 나타낸다.	01 ~ 12
M	달이름을 세 글자로 나타낸다.	1월 ~ 12월
n	달을 0으로 시작하지 않게 나타낸다.	1 ~ 12
t	그 달의 날이 며칠인지 나타낸다.	28 ~ 31

- Year 명령

형식	설명	예
L	윤년인지를 0, 1로 나타낸다.	1이면 윤년
o	년도를 나타낸다.	1999 또는 2003
Y	년도를 4자리 수로 나타낸다.	1999 또는 2003
y	년도를 2자리수로 나타낸다.	99 또는 03

- Time 명령

형식	설명	예
a	오전, 오후를 소문자로 나타낸다.	am 또는 pm
A	오전, 오후를 대문자로 나타낸다.	AM 또는 PM
B	견본 인터넷 시간을 나타낸다.	000 ~ 999
g	12시간을 0으로 시작하지 않고 나타낸다.	1 ~ 12
G	24시간을 0으로 시작하지 않고 나타낸다.	0 ~ 23
h	12시간을 두자리수로 나타낸다.	01 ~ 12
H	24시간을 두자리수로 나타낸다.	00 ~ 23
i	분을 두자리수로 나타낸다.	00 ~ 59
s	초를 두자리수로 나타낸다.	00 ~ 59
u	마이크로 초를 나타낸다.	654321

- Timezone 명령

형식	설명	예
e	기준시간대를 나타낸다.	Examples: UTC, GMT, Atlantic/Azores
I	일광절약시간을 적용하는지를 0, 1 로 나타낸다.	일광절약시간 적용 : 1
O	그리니치표준시(GMT)와의 차이를 나타낸다.	Example: +0200
P	그리니치표준시(GMT)와의 차이를 콜론을 사용하여 나타낸다.	Example: +02:00
T	기준시간대를 약자로 나타낸다.	Examples: EST, MDT
Z	기준시간대와의 시차를 초로 나타내는데 서쪽이면 +, 동쪽이면 -	-43200 through 50400

- Full Date/Time 명령

형식	설명	예
c	ISO 8601 날짜형식으로 나타낸다.	2004-02-12T15:19:21+00:00
r	RFC 2822 formatted date	Thu, 21 Dec 2000 16:01:07 +0200
U	Seconds since the Unix Epoch (January 1 1970 00:00:00 GMT)	

예

1. 리스트 { 472 , 36 , 23 , 2 , 5 , 4 , 2015 , "4월" , "일요일" , 1 }과 같은 리스트를 생성한다.

```
시간[ ]
```

2. '오늘은 2015년 4월 5일 일요일입니다.' 와 같은 텍스트를 생성한다.

```
시간[ "오늘은 \Y 년 \F\S\j 일 \l 입니다." ]
```

시드설정(SetSeed)

문법

- 시드설정[정수]

기능

- 수를 랜덤으로 추출할 때 시드를 설정하면 시드를 고려하여 수를 추출한다.

예

1. 시드를 고려하여 수를 추출한다.

   시드설정[3]

실행(Execute)

문법

- 실행[텍스트의 리스트]

기능

- 텍스트로 표현된 명령을 실행한다.[9]

예

1. 두 점 A, B와 중점 C를 생성한다.

   실행[{ "A = (1 , 1)" , "B = (3 , 3)" , "C = Midpoint[A , B]" }]

2. 피보나치 수열의 5항까지 구한다.

   실행[Join[{ "f_{1} = 1" , "f_{2} = 1" } , Sequence["f_{" + (i + 2) + " } = f_{" + (i + 1) + "} + f_{" + i + "}" , i , 1 , 5]]]

3. 점 D, E의 중점을 구한다.

   실행[{ "Midpoint[%1 , %2]"} , D , E]

---

[9] 영어 명령만 가능하다.

애니메이션시작(StartAnimation)

문법

- 애니메이션시작[ ]
  애니메이션시작[true|false]
  애니메이션시작[슬라이더나 점 , 슬라이더나 점 , …]
  애니메이션시작[슬라이더나 점 , 슬라이더나 점 , … , true|false]

기능

- 슬라이더나 점의 애니메이션을 실행한다.

예

1. 정지한 상태의 모든 애니메이션을 실행한다.

   애니메이션시작[ ]

2. 정지한 상태의 모든 애니메이션을 실행한다.

   애니메이션시작[true]

3. 모든 애니메이션이 정지한다.

   애니메이션시작[false]

4. 슬라이더 a의 애니메이션을 실행한다.

   애니메이션시작[a]

5. 점 A를 경로 위에서 움직이게 한다.

   애니메이션시작[A]

6. 슬라이더 a와 점 A가 애니메이션을 실행한다.

   애니메이션시작[a , A , true]

7. 슬라이더 a와 점 A의 애니메이션이 정지한다.

   애니메이션시작[a , A , false]

음악연주 (PlaySound)

문법

- 음악연주[파일]
  음악연주[연주 여부 true|false]
  음악연주[음표열 , 악기]
  음악연주[음표 , 시간 , 길이]
  음악연주[함수 , 최솟값 , 최댓값]
  음악연주[함수 , 최솟값 , 최댓값 , 표본 비율 , 표본 깊이]

기능

- 입력한 조건에 맞는 음악을 연주한다.
- MIDI 음표

Octave	C	C#	D	D#	E	F	F#	G	G#	A	A#	B
0	0	1	2	3	4	5	6	7	8	9	10	11
1	12	13	14	15	16	17	18	19	20	21	22	23
2	24	25	26	27	28	29	30	31	32	33	34	35
3	36	37	38	39	40	41	42	43	44	45	46	47
4	48	49	50	51	52	53	54	55	56	57	58	59
5	60	61	62	63	64	65	66	67	68	69	70	71
6	72	73	74	75	76	77	78	79	80	81	82	83
7	84	85	86	87	88	89	90	91	92	93	94	95
8	96	97	98	99	100	101	102	103	104	105	106	107
9	108	109	110	111	112	113	114	115	116	117	118	119
10	120	121	122	123	124	125	126	127				

- General MIDI 악기

0=Acoustic Grand Piano	1=Bright Acoustic Piano	2=Electric Grand Piano	3=Honky-tonk Piano
4=Electric Piano 1	5=Electric Piano 2	6=Harpsichord	7=Clavi
8=Celesta	9=Glockenspiel	10=Music Box	11=Vibraphone
12=Marimba	13=Xylophone	14=Tubular Bells	15=Dulcimer
16=Drawbar Organ	17=Percussive Organ	18=Rock Organ	19=Church Organ
20=Reed Organ	21=Accordion	22=Harmonica	23=Tango Accordion
24=Acoustic Guitar (nylon)	25=Acoustic Guitar (steel)	26=Electric Guitar (jazz)	27=Electric Guitar (clean)
28=Electric Guitar (muted)	29=Overdriven Guitar	30=Distortion Guitar	31=Guitar Harmonics
32=Acoustic Bass	33=Electric Bass (finger)	34=Electric Bass (pick)	35=Fretless Bass
36=Slap Bass 1	37=Slap Bass 2	38=Synth Bass 1	39=Synth Bass 2
40=Violin	41=Viola	42=Cello	43=Contrabass
44=Tremolo Strings	45=Pizzicato Strings	46=Orchestral Harp	47=Timpani
48=String Ensemble 1	49=String Ensemble 2	50=SynthStrings 1	51=SynthStrings 2
52=Choir Aahs	53=Voice Oohs	54=Synth Vox	55=Orchestra Hit
56=Trumpet	57=Trombone	58=Tuba	59=Muted Trumpet
60=French Horn	61=Brass Section	62=Synth Brass 1	63=Synth Brass 2
64=Soprano Sax	65=Alto Sax	66=Tenor Sax	67=Baritone Sax
68=Oboe	69=English Horn	70=Bassoon	71=Clarinet
72=Piccolo	73=Flute	74=Recorder	75=Pan Flute
76=Blown Bottle	77=Shakuhachi	78=Whistle	79=Ocarina
80=Lead 1 (square)	81=Lead 2 (sawtooth)	82=Lead 3 (calliope)	83=Lead 4 (chiff)
84=Lead 5 (charang)	85=Lead 6 (voice)	86=Lead 7 (fifths)	87=Lead 8 (bass + lead)
88=Pad 1 (new age)	89=Pad 2 (warm)	90=Pad 3 (polysynth)	91=Pad 4 (choir)
92=Pad 5 (bowed)	93=Pad 6 (metallic)	94=Pad 7 (halo)	95=Pad 8 (sweep)

예

1. MIDI 파일을 연주한다.

```
음악연주[ "path/to/myFile.mid" ]
```

2. 음악 연주를 시작한다.

```
음악연주[ true ]
```

3. 음악 연주가 정지한다.

```
음악연주[ false ]
```

4. 입력 내용에 따라 음악을 연주한다.

```
음악연주[ "C+E+G Rw Ai Bi Ci A4i B4i C4i" , 0 ]
음악연주[ "I[56] C5q D5q I[71] G5q F5q" , 0 ]
음악연주[ "V0 A3q B3q C3q B3q V1 A2h C2h" , 0 ]
```

5. 가온다(C)의 음을 Alto 섹소폰을 2초간 연주한다.

```
음악연주[ 60 , 2 , 65 ]
```

6. 함수를 음악으로 연주한다.

```
음악연주[ sin(440 2Pi x) , 0 , 1 ]
```

이름바꾸기(Rename)

문법

- `이름바꾸기[ 대상 , 이름 ]`

기능

- 대상의 이름을 변경한다.

예

1. 다각형1의 이름을 오각형으로 변경한다.

```
이름바꾸기[ 다각형1 , 오각형 ]
```

입력상자(InputBox)

문법

- 입력상자[ ]
  입력상자[연결된 대상]

기능

- 새로운 입력상자를 생성한다.

예

1. 입력상자를 생성한다.

   입력상자[ ]

2. 함수 f와 연결된 입력상자를 생성한다.[10]

   입력상자[f]

자유대상복사(CopyFreeObject)

문법

- 자유대상복사[대상]

기능

- 대상을 자유로운 대상으로 복사한다.

예

1. 의존하는 대상이던 원 c를 복사하여 자유로운 대상인 원 d를 생성한다.

   d = 자유대상복사[c]

[10]입력상자의 식을 변경하면 함수 f도 변경된다.

자취설정(SetTrace)

문법

- 자취설정[대상 , true|false]

기능

- 대상의 자취를 보일 것인지 설정한다.

예

1. 점 A를 마우스로 드래그하면 자취가 생성된다.

   자취설정[A , true]

작게보기(ZoomOut)

문법

- 작게보기[단위]
  작게보기[단위 , 중심점]

기능

- 기하창의 화면의 비율을 축소한다.

예

1. 현재 기하창의 중심을 기준으로 화면 비율을 $\frac{1}{2}$로 축소한다.

   작게보기[2]

2. 점 D를 기준으로 화면 비율을 $\frac{1}{2}$로 축소한다.

   작게보기[2 , D]

점스타일설정(SetPointStyle)

문법

- 점스타일설정[점 , 수]

기능

- 점의 스타일을 설정한다.

-

수	모양
0	●
1	x
2	○
3	+
4	◆
5	◇
6	▲
7	▼
8	▶
9	◀

예

1. 점 A의 스타일을 +로 변경한다.

점스타일설정[A , 3]

점크기설정(SetPointSize)

문법

- 점크기설정[점 , 수]

기능

- 점의 크기를 설정한다.

좌표설정(SetCoords)

문법

- 좌표설정[대상 , x , y]

기능

- 자유로운 대상의 좌표를 설정한다.[11]

예

1. 점 A의 좌표를 (2, 3)으로 변경한다.

   좌표설정[A , 2 , 3]

중심보기(CenterView)

문법

- 중심보기[중심점]

기능

- 입력한 점을 중심으로 기하창의 화면을 조정한다.

예

1. 기하창의 중심이 점 B가 되도록 화면을 조정한다.

   중심보기[B]

[11]슬라이더, 버튼, 체크상자, 입력상자, 그림에 적용할 수 있다.

채움설정(SetFilling)

문법

- 채움설정[대상 , 수]

기능

- 대상의 불투명도를 설정한다.

예

1. 원 c의 불투명도를 입력한 수에 따라 변경한다.[12]

```
채움설정[ c , 0.6 ]
```

체크상자(Checkbox)

문법

- 체크상자[ ]
  체크상자[캡션]
  체크상자[리스트]
  체크상자[캡션 , 리스트]

기능

- 체크상자를 생성한다.

예

1. "보이기"라는 이름의 체크상자를 생성한다.

```
체크상자[ "보이기" ]
```

2. "점 보이기"라는 이름으로, 두 점 C, D가 연결된 체크상자를 생성한다.

```
체크상자[ "점 보이기" , { C , D } ]
```

[12] 0 에서 1 사이의 값을 입력한다.

축보이기 (ShowAxes)

문법

- 축보이기[ ]
  축보이기[true|false]
  축보이기[기하창 1|2 , true|false]

기능

- 기하창의 좌표축을 나타내거나 숨긴다.

예

1. 기하창에 좌표축을 나타낸다.

   축보이기[true]

2. 기하창2의 좌표축을 숨긴다.

   축보이기[2 , false]

축비율설정 (SetAxesRatio)

문법

- 축비율설정[수 , 수]

기능

- 좌표축의 비율을 설정한다.

예

1. x축과 y축의 비율을 1 : 2로 설정한다.

   축비율설정[1 , 2]

캡션설정(SetCaption)

문법

- 캡션설정[대상 , 텍스트]

기능

- 대상의 캡션을 기하창에 나타낸다.

예

1. 점 A의 캡션이 “처음 찍은 점”으로 기하창에 나타낸다.

   캡션설정[A , “처음 찍은 점”]

크게보기(ZoomIn)

문법

- 크게보기[단위]
  크게보기[단위 , 중심점]
  크게보기[최소 x , 최소 y , 최대 x , 최대 y]

기능

- 기하창의 화면의 비율을 확대한다.

예

1. 기하창의 비율을 2배 확대한다.

   크게보기[2]

2. (0, 0)을 중심으로 기하창의 화면을 2배 확대한다.

   크게보기[2 , (0 , 0)]

3. 슬라이더 a에 따라 화면을 확대한다.

   크게보기[-a , a , -a , a]

함수화 (ParseToFunction)

문법

- 함수화[함수이름 , 문자열]

기능

- 텍스트를 함수로 변환한다.

예

1. $f(x) = x^2$ 일 때 함수 f 를 $3x + 1$ 로 변경한다.

   ```
   함수화[ f , 3x + 1 ]
   ```

화면이동 (Pan)

문법

- 화면이동[x , y]

기능

- 기하창 화면을 지정한 픽셀좌표로 이동한다.

예

1. 화면 왼쪽 위 모서리의 픽셀 좌표가 $(50, 50)$ 이 되도록 이동한다.

   ```
   화면이동[ 50 , 50 ]
   ```

화면배치설정(SetPerspective)

문법

- 화면배치설정[텍스트]

기능

- 도구상자의 설정을 입력한 텍스트에 따라 변경한다.
- 다음 기호는 지오지브라의 창을 나타낸다. 글자를 붙여서 나열하면 지오지브라의 창이 수평으로 배열된다. 나눗셈(/) 기호로 구분하면 지오지브라의 창이 수직으로 배열된다.

텍스트	시점
A	대수창
B	확률계산기
C	CAS
D	기하창 2
G	기하창
L	구성단계
P	설정사항
R	자료분석창
S	스프레드시트창
T	3차원 기하창

- 화면배치를 텍스트 대신 수로 정의할 수도 있다.

수	화면배치	비고
1	대수	AG
2	기하	G
3	스프레드시트	SG
4	CAS	CG
5	3차원 기하창	AT
6	확률	B

예

1. 기하창이 화면에 나타난다.

```
화면배치설정[ "G" ]
```

2. 대수창-기하창-스프레드시트 창이 수평으로 배열된 화면이 나타난다.

```
화면배치설정[ "AGS" ]
```

3. 스프레드시트 창-기하창이 수직으로 배열된 화면이 나타난다.

```
화면배치설정[ "S/G" ]
```

4. 스프레드시트 창-(기하창-대수창)이 수직으로 배열된 화면이 나타난다.

```
화면배치설정[ "S/(GA)" ]
```

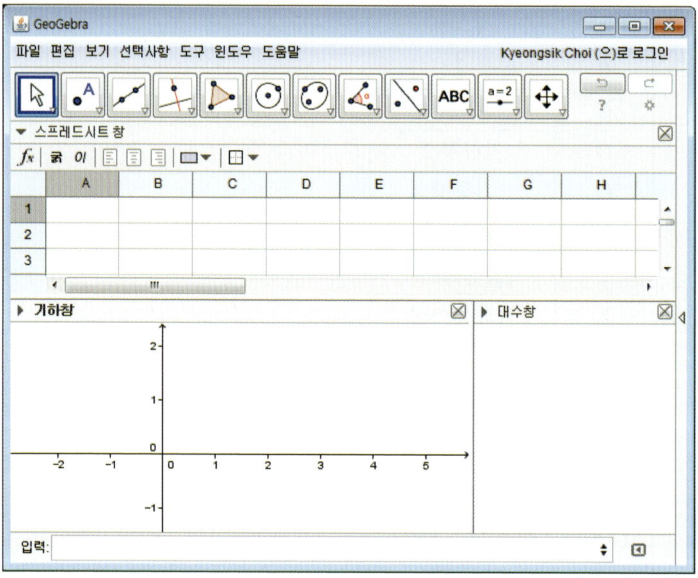

활성화창설정(SetActiveView)

문법

- 활성화창설정[기하창 1|2]

기능

- 기하창1 또는 기하창2를 활성화한다.

예

1. 기하창2를 활성화한다.

   활성화창설정[2]

회전속도설정(SetSpinSpeed)

문법

- 회전속도설정[수]

기능

- 3차원 기하창의 회전속도를 조절한다.
- 입력되는 수가 양수이면 반시계방향으로 회전하고, 음수이면 시계방향으로 회전한다. 0이면 회전하지 않는다.

지오지브라 명령어

실행가이드북

GeoGebra

11. 스프레드시트 명령어

셀(Cell)

문법

- 셀[열 , 행]

기능

- 스프레드시트 창의 지정된 셀에 있는 대상을 선택한다.

예

1. 스프레드시트의 A1(1열 1행)의 대상(점)을 중심으로 하고 A2(1열 2행)의 대상(점)을 지나는 원을 생성한다.

```
원[ 셀[ 1 , 1 ] , 셀[ 1 , 2 ] ]
```

셀범위(CellRange)

문법

- 셀범위[처음셀 , 마지막셀]

기능

- 지정한 범위의 셀의 원소로 리스트를 생성한다.

예

1. A1 셀부터 A3 셀까지의 대상을 원소로 하는 리스트를 생성한다.

```
셀범위[ A1 , A3 ]
```

셀채우기 (FillCells)

문법

- 셀채우기[셀범위 , 대상]
  셀채우기[셀 , 리스트]
  셀채우기[셀 , 행렬]

기능

- 지정한 셀에 대상을 채운다.

예

1. A1 셀에서 A2 셀까지 원 c의 방정식을 채운다.

   셀채우기[A1:A2 , c]

2. 셀A3에서 오른쪽으로 리스트의 원소들을 채운다.

   셀채우기[A3 , 리스트1]

3. A5 셀에서 오른쪽으로 행렬1의 원소를 채운다.

   셀채우기[A5 , 행렬1]

열 (Column)

문법

- 열[스프레드시트 셀]

기능

- 스프레드시트의 셀의 열 번호를 구한다.

예

1. C3 셀의 열 번호를 구한다.

   열[C3]

열이름(ColumnName)

문법

- 열이름[스프레드시트 셀]

기능

- 셀의 열 이름을 기하창에 텍스트로 표시한다.

예

1. B3의 열 이름을 텍스트로 표시한다.

```
열이름[ B3 ]
```

열채우기(FillColumn)

문법

- 열채우기[열 , 리스트]

기능

- 주어진 리스트를 지정한 열에 채운다.

예

1. 스프레드시트의 B열(2열)에 리스트1의 원소를 아래방향으로 채운다.

```
열채우기[ 2 , 리스트1 ]
```

행(Row)

문법

- 행[스프레드시트 셀]

기능

- 지정한 셀의 행 번호를 구한다.

예

1. A3 셀의 행 번호를 구한다.

   행[A3]

행채우기(FillRow)

문법

- 행채우기[행 , 리스트]

기능

- 주어진 리스트를 지정한 행에 채운다.

예

1. 리스트1의 원소들을 2행에 채운다.

   행채우기[2 , 리스트1]

12. 원뿔곡선(이차곡선) 명령어

극선(Polar)

문법

- 극선[점 , 원뿔곡선(이차곡선)]

기능

- 주어진 점을 지나는 원뿔곡선(이차곡선)의 두 접선의 접점을 지나는 극선을 생성한다.

예

1. 점 P를 지나는 포물선 c의 두 접선의 접점을 지나는 극선을 생성한다.

   극선[P , c]

   [실행결과]

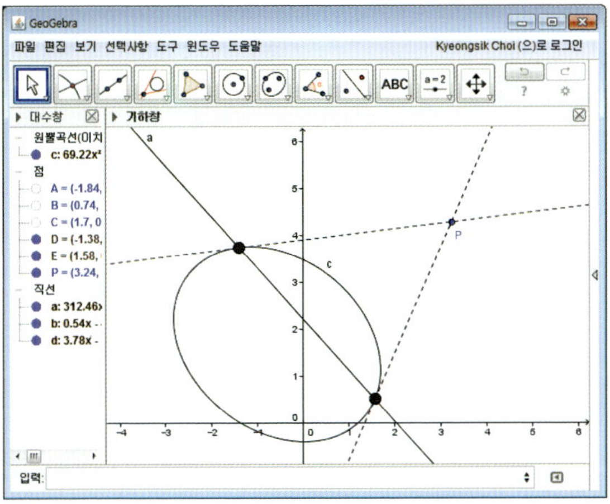

내접원(Incircle)

문법

- 내접원[점 , 점 , 점]

기능

- 주어진 세 점을 꼭짓점으로 하는 삼각형의 내접원을 생성한다.

예

1. 삼각형 ABC 의 내접원을 생성한다.

   내접원[A, B, C]

둘째축(MinorAxis)

문법

- 둘째축[원뿔곡선(이차곡선)]

기능

- 원뿔곡선(이차곡선)의 둘째축을 생성한다.

예

1. 타원 c의 둘째축을 생성한다.

   둘째축[c]

둘째축길이(SemiMinorAxisLength)

문법

- 둘째축길이[원뿔곡선(이차곡선)]

기능

- 원뿔곡선(이차곡선)의 둘째축의 길이의 반을 구한다.

예

1. 타원 c의 둘째축의 길이의 반을 구한다.

   둘째축길이[c]

반원(Semicircle)

문법

- 반원[점 , 점]

기능

- 주어진 두 점을 지름의 양 끝점으로 하는 반원을 생성한다.

예

1. 두 점 A, B를 지름의 양 끝점으로 하는 반원을 생성한다.

   반원[A , B]

선형이심률(LinearEccentricity)

문법

- 선형이심률[원뿔곡선(이차곡선)]

기능

- 원뿔곡선(주로 타원, 쌍곡선)의 중심과 초점 사이의 거리를 구한다.

예

1. 쌍곡선 c의 중심과 초점 사이의 거리를 구한다.

```
선형이심률[ c ]
```

쌍곡선(Hyperbola)

문법

- 쌍곡선[초점 , 초점 , 주축의 반지름]
  쌍곡선[초점 , 초점 , 선분]
  쌍곡선[점 , 점 , 점]

기능

- 주어진 조건에 맞는 쌍곡선을 생성한다.

예

1. 점 $(0, -4), (2, 4)$을 초점으로 하고 주축의 반지름이 1인 쌍곡선을 생성한다.

```
쌍곡선[ ( 0 , -4 ) , ( 2 , 4 ) , 1 ]
```

2. 점 $(4, 1), (-2, 1)$을 초점으로 하고 주축의 반지름이 선분 a의 길이인 쌍곡선을 생성한다.

```
쌍곡선[ ( 4 , 1 ) , ( -2 , 1 ) , a ]
```

3. 점 $(1,1),(2,1)$을 초점으로 하고 점 $(-2,-4)$를 지나는 쌍곡선을 생성한다.

```
쌍곡선[ ( 1 , 1 ) , ( 2 , 1 ) , ( -2 , -4 ) ]
```

원(Circle)

문법

- ```
  원[ 점 , 반지름 길이 ]
  원[ 점 , 선분 ]
  원[ 점 , 점 ]
  원[ 점 , 점 , 점 ]
  ```

기능

- 입력한 조건에 맞는 원을 생성한다.

예

1. 중심이 A이고 반지름이 1인 원을 생성한다.

```
원[ A , 1 ]
```

2. 중심이 D이고 반지름이 a인 원을 생성한다.

```
원[ D , a ]
```

3. 중심이 E이고 F를 지나는 원을 생성한다.

```
원[ E , F ]
```

4. 세 점 G, H, I를 지나는 원을 생성한다.

```
원[ G , H , I ]
```
```

원뿔곡선(Conic)

문법

- 원뿔곡선[점 , 점 , 점 , 점 , 점]
  원뿔곡선[수 , 수 , 수 , 수 , 수 , 수]

기능

- 다섯 개의 점을 지나는 원뿔곡선(이차곡선)을 생성한다.
- 곡선의 방정식 $ax^2 + by^2 + c + dxy + ex + fy = 0$의 계수가 주어진 원뿔곡선(이차곡선)을 생성한다.

예

1. 다섯 개의 점을 지나는 원뿔곡선(이차곡선)을 생성한다.

   원뿔곡선[(0 , -4) , (2 , 4) , (3 , 1) , (-2 , 3) , (-3 , -1)]

2. 방정식의 각 항[1]의 계수가 $2, 3, -1, 4, 2, -3$인 원뿔곡선(이차곡선) $2x^2 + 3y^2 - 1 + 4xy + 2x - 3y = 0$을 생성한다.

   원뿔곡선[2 , 3 , -1 , 4 , 2 , -3]

[1] x^2, y^2, 상수항, xy, x, y

이심률(Eccentricity)

문법

- 이심률[원뿔곡선]

기능

- 원뿔곡선의 이심률을 구한다.

예

1. 원 c의 이심률을 구한다.

   이심률[c]

2. 타원 d의 이심률을 구한다.

   이심률[d]

3. 쌍곡선 e의 이심률을 구한다.

   이심률[e]

4. 포물선 f의 이심률을 구한다.

   이심률[f]

준선(Directrix)

문법

- 준선[원뿔곡선(이차곡선)]

기능

- 원뿔곡선(이차곡선)의 준선을 구한다.

예

1. 포물선 c의 준선을 구한다.

   준선[c]

중심(Center)

문법

- 중심[원뿔곡선(이차곡선)]

기능

- 원뿔곡선(이차곡선)의 중심을 생성한다.

예

1. 타원 c의 중심을 생성한다.

```
중심[ c ]
```

첫째축(MajorAxis)

문법

- 첫째축[원뿔곡선(이차곡선)]

기능

- 원뿔곡선(이차곡선)의 첫째축을 구한다.

예

1. 타원 c의 첫째축을 구한다.

```
첫째축[ c ]
```

첫째축길이(SemiMajorAxisLength)

문법

- 첫째축길이[원뿔곡선(이차곡선)]

기능

- 원뿔곡선(이차곡선)의 첫째축의 길이의 반을 구한다.

예

1. 쌍곡선 c의 첫째축의 길이의 반을 구한다.

```
첫째축길이[ c ]
```

초점(Focus)

문법

- 초점[원뿔곡선(이차곡선)]

기능

- 원뿔곡선(이차곡선)의 두 초점을 생성한다.

예

1. 쌍곡선 c의 두 초점을 생성한다.

```
초점[ c ]
```

초점준선거리(Parameter)

문법

- 초점준선거리[원뿔곡선(이차곡선)]

기능

- 원뿔곡선(이차곡선)의 초점과 준선 사이의 거리를 구한다.

예

1. 포물선 c의 초점과 준선 사이의 거리를 구한다.

```
초점준선거리[ c ]
```

축(Axes)

문법

- 축[원뿔곡선(이차곡선)]

기능

- 원뿔곡선(이차곡선)의 두 축을 생성한다.

예

1. 타원 c의 두 축을 생성한다.

```
축[ c ]
```

켤레지름(ConjugateDiameter)

문법

- 켤레지름[벡터 , 원뿔곡선(이차곡선)]
  켤레지름[직선 , 원뿔곡선(이차곡선)]

기능

- 원뿔곡선(이차곡선)에서 주어진 벡터나 직선에 평행한 두 접선의 접점을 지나는 직선을 생성한다.

예

1. 벡터 u에 평행한 타원 c의 두 접선의 접점을 지나는 직선을 생성한다.

   켤레지름[u , c]

2. 직선 a에 평행한 타원 c의 두 접선의 접점을 지나는 직선을 생성한다.

   켤레지름[a , c]

[실행결과]

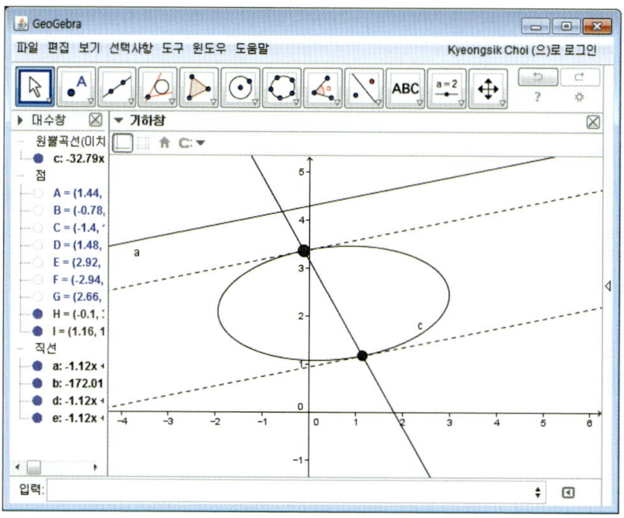

타원(Ellipse)

문법

- 타원[초점 , 초점 , 첫째축의 반지름]
타원[초점 , 초점 , 선분]
타원[점 , 점 , 점]

기능

- 주어진 조건에 맞는 타원을 생성한다.

예

1. 두 초점이 A, B이고 첫째축의 반지름이 2인 타원을 생성한다.

   타원[A , B , 2]

2. 두 초점이 E, F이고 첫째축의 반지름이 선분 a의 길이인 타원을 생성한다.

   타원[E , F , a]

3. 두 초점이 G, H이고 점 I를 지나는 타원을 생성한다.

   타원[G , H , I]

포물선(Parabola)

문법

- 포물선[초점 , 준선]

기능

- 초점과 준선이 주어진 포물선을 생성한다.

예

1. 점 C가 초점이고 직선 a가 준선인 포물선을 생성한다.

   포물선[C , a]

13. 이산수학 명령어

들로네삼각분할(DelaunayTriangulation)

문법

- 들로네삼각분할[점의 리스트]

기능

- 점의 리스트에 대한 들로네 삼각분할을 생성한다.

예

1. 기하창의 점에 대한 들로네 삼각분할을 생성한다.

   들로네삼각분할[{A, B, C, D, E, F}]

   [실행결과]

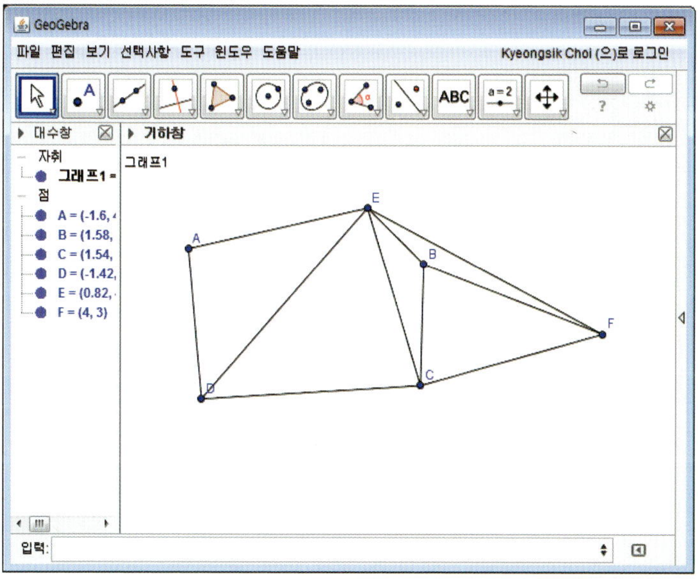

보로노이(Voronoi)

문법

- 보로노이[점의 리스트]

기능

- 점의 리스트에서 각 점이 속하는 영역으로 평면을 분할하는 보로노이 다이어그램을 생성한다.

예

1. 기하창의 점에 대하여 평면을 분할하는 보로노이 다이어그램을 생성한다.

보로노이[{ A , B , C , D , E , F }]

[실행결과]

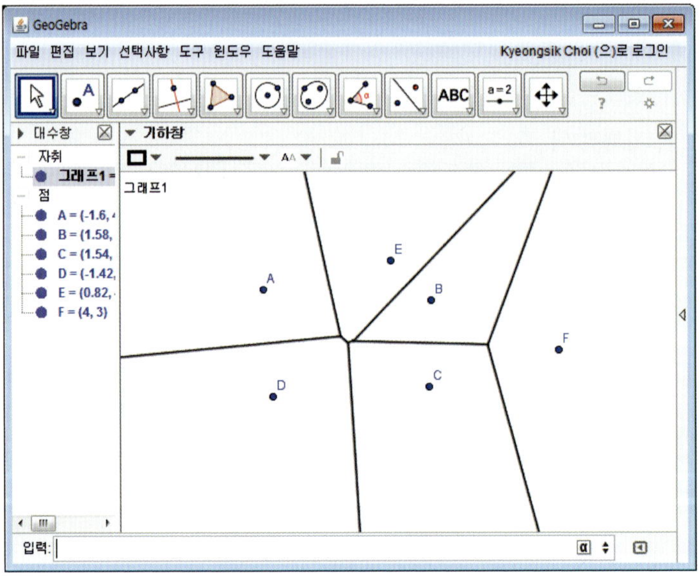

볼록집합(Hull)

문법

- 볼록집합[점의 리스트 , 수]

기능

- 점의 리스트의 원소를 모두 포함하는 볼록다각형을 생성한다.
- 수는 1보다 작은 수는 0, 1보다 큰 수는 1로 인식한다. 0일 경우는 최소볼록집합(ConvexHull)의 결과와 같다.

예

1. 점의 리스트의 원소를 모두 포함하는 볼록다각형을 생성한다.

   볼록집합[{ A , B , C , D , E , F , G , H } , 0.5]

   [실행결과]

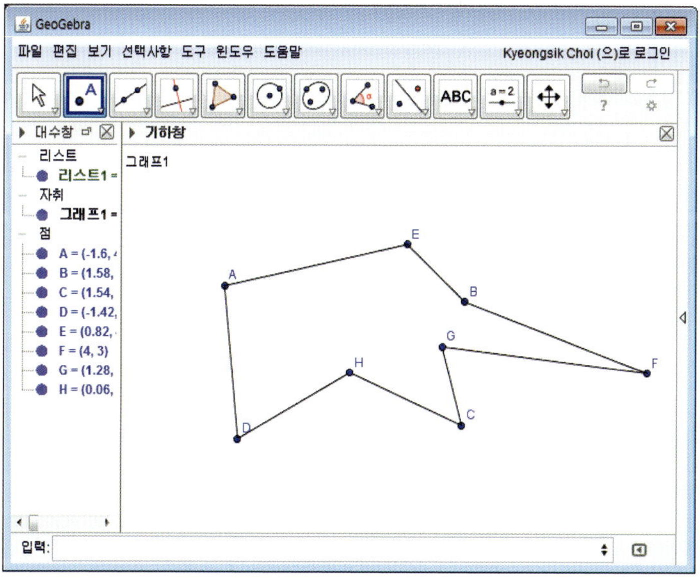

2. 점의 리스트의 원소를 모두 포함하는 볼록다각형을 생성한다.

```
볼록집합[ {A, B, C, D, E, F, G, H}, 1 ]
```

[실행결과]

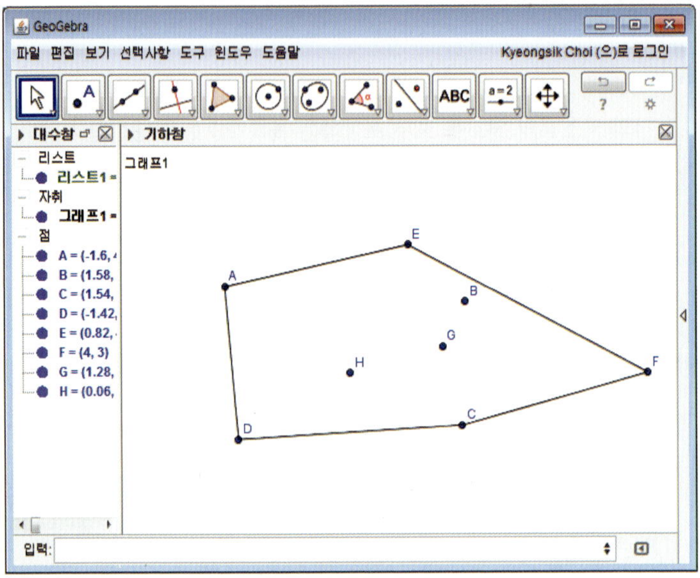

순회판매원(TravelingSalesman)

문법

- 순회판매원[점의 리스트]

기능

- 리스트의 모든 점을 지나서 돌아오는 최단경로를 생성한다.[1]

예

1. 리스트의 모든 점을 지나서 돌아오는 최단경로를 생성한다.

   순회판매원[{ A , B , C , D , E , F , G , H }]

   [실행결과]

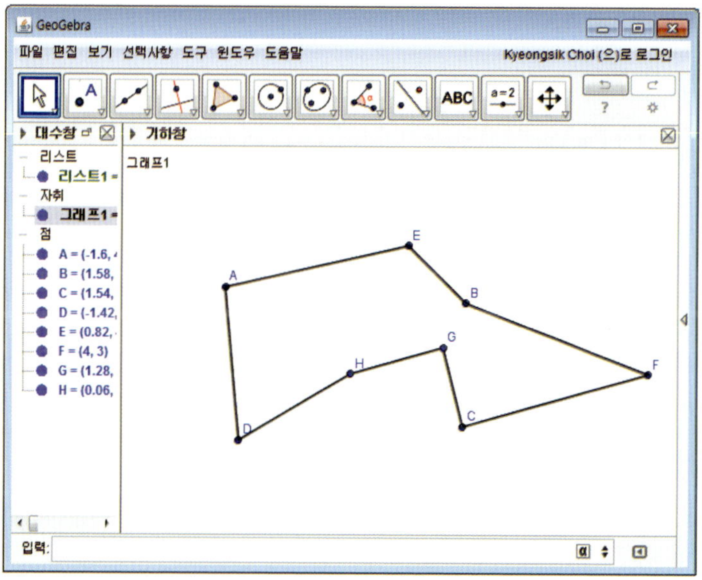

[1]순회 판매원 문제(TSP ; Traveling Salesman Problem)는 다음과 같다 : "많은 수의 도시가 있고 한 도시에서 다른 도시로의 여행 경비를 알고 있을 때 각 도시를 한 번만 방문하고 출발한 도시로 되돌아오는데 가장 비용이 적게드는 여행 경로는 무엇인가?". 이에 대하여 그래프 이론(Graph Theory)의 관점으로는 완전 가중치 그래프(Complete weighted graph)가 주어졌을 때 가장 적은 가중치(Weight)를 가지는 해밀턴 사이클(Hamiltonian Cycle)을 찾는 문제와 같다고 할 수 있다.

최단거리(ShortestDistance)

문법

- 최단거리[선분의 리스트 , 시작점 , 끝점 , 가중치 true|false]

기능

- 점과 선으로 이루어진 그래프에서 한 점으로부터 다른 점까지의 최단거리를 그래프로 생성한다.

예

1. 점 A에서 G까지 최단경로를 그래프로 구해준다.

최단거리[{ a , b , c , d , e , f , g , h , k , l } , A , G , false]

[실행결과]

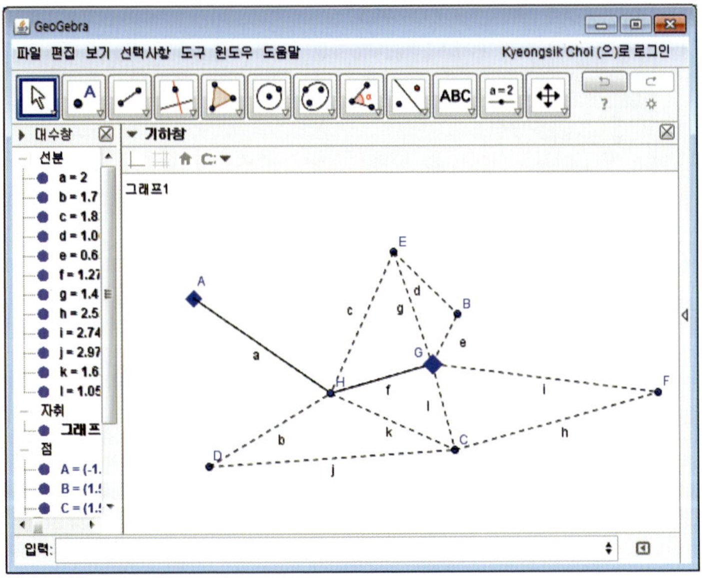

최소볼록집합(ConvexHull)

문법

- 최소볼록집합[점의 리스트]

기능

- 점의 리스트의 모든 원소를 포함하는 최소 볼록다각형을 생성한다.

예

1. 점의 리스트의 모든 원소를 포함하는 최소 볼록다각형을 생성한다.[2]

   최소볼록집합[{ A , B , C , D , E , F , G , H }]

   [실행결과]

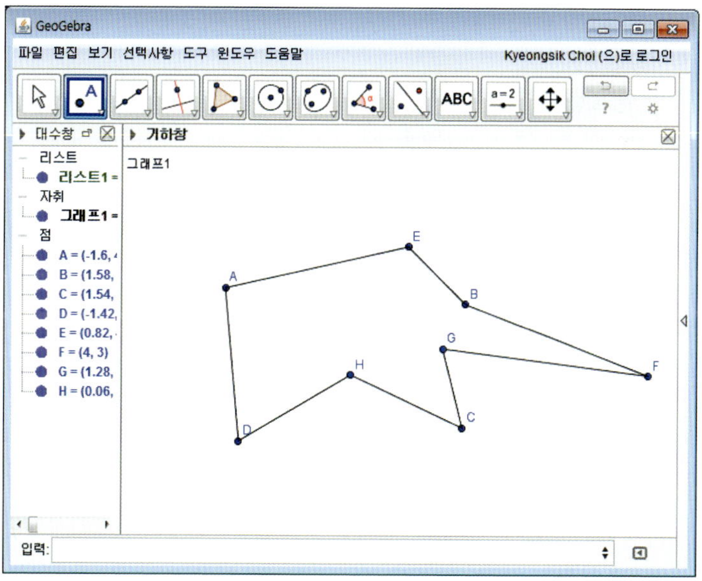

[2]볼록집합[{ A , B , C , D , E , F , G , H } , 0] 의 결과와 동일하다.

최소스패닝트리(MinimumSpanningTree)

문법

- 최소스패닝트리[점의 리스트]

기능

- 점의 리스트의 모든 원소를 지나는 변의 길이의 합이 최소인 그래프를 생성한다.

예

1. 점의 리스트의 모든 원소를 지나는 변의 길이의 합이 최소인 그래프를 생성한다.

   최소스패닝트리[{A, B, C, D, E, F, G, H}]

   [실행결과]

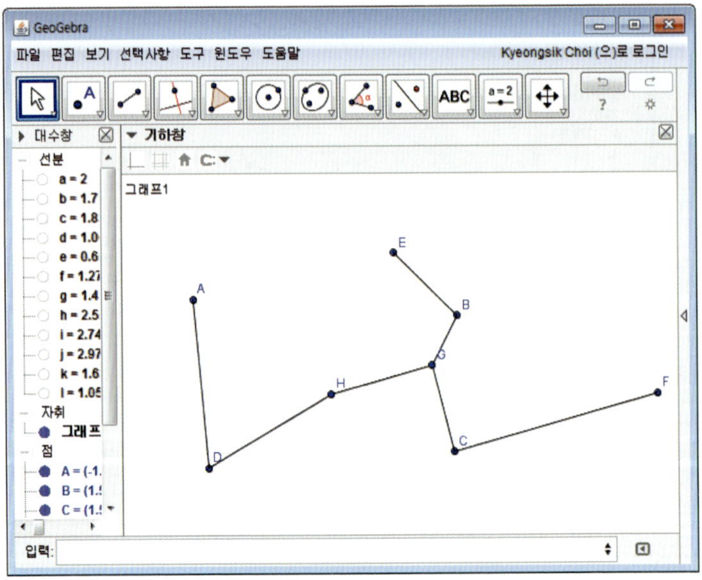

14. 지오지브라 명령어

x축단위(AxisStepX)

문법

- `x축단위[ ]`

기능

- x축 단위의 폭을 구한다.

y축단위(AxisStepY)

문법

- `y축단위[ ]`

기능

- y축 단위의 폭을 구한다.

거북이(Turtle)

문법

- `거북이[ ]`

기능

- 기하창에 거북이를 생성한다.

거북이놓기 (TurtleDown)

문법

- 거북이놓기[거북이]

기능

- 기하창에 거북이가 자취를 남기도록 한다.

거북이뒤로 (TurtleBack)

문법

- 거북이뒤로[거북이 , 거리]

기능

- 거북이가 뒤쪽으로 거리만큼 이동한다.

예

1. 거북이1이 머리를 x축의 양의 방향을 향하고 $(0, 0)$에 있을 때, 거북이가 뒤로 2만큼 $(-2, 0)$으로 이동한다.

   거북이뒤로[거북이1 , 2]

거북이들기 (TurtleUp)

문법

- 거북이들기[거북이]

기능

- 기하창에 거북이가 자취를 남기지 않도록 한다.

거북이앞으로(TurtleForward)

문법

- 거북이앞으로[거북이 , 거리]

기능

- 거북이가 앞쪽으로 거리만큼 이동한다.

예

1. 거북이1이 머리를 x축의 양의 방향을 향하고 $(0,0)$에 있을 때, 거북이가 앞으로 2만큼 $(2,0)$으로 이동한다.

   거북이앞으로[거북이1 , 2]

거북이오른쪽(TurtleRight)

문법

- 거북이오른쪽[거북이 , 각도]

기능

- 거북이가 오른쪽으로 각도만큼 회전한다.

예

1. 거북이1이 머리를 x축의 양의 방향을 향하고 $(0,0)$에 있을 때, 거북이가 오른쪽으로 $1°$만큼 회전한다.

   거북이오른쪽[거북이1 , 1°]

거북이왼쪽 (TurtleLeft)

문법

- 거북이왼쪽[거북이 , 각도]

기능

- 거북이가 왼쪽으로 각도만큼 회전한다.

예

1. 거북이1이 머리를 x축의 양의 방향을 향하고 $(0, 0)$에 있을 때, 거북이가 왼쪽으로 1°만큼 회전한다.

   거북이왼쪽[거북이1 , 1°]

구성단계 (ConstructionStep)

문법

- 구성단계[ ]
  구성단계[대상]

기능

- 구성단계의 수를 구한다.
- 구성단계에서 대상의 순서를 구한다.

예

1. 구성단계에서 원 c의 순서를 구한다.

   구성단계[c]

극좌표화(ToPolar)

문법

- 극좌표화[복소수]
  극좌표화[벡터]

기능

- 직교좌표의 복소수나 벡터를 극좌표로 변경한다.

예

1. 복소수를 극좌표로 변경한다.

```
극좌표화[ 2 + 2 sqrt(3) i ]
```

[실행결과]
(2; 60°)

꼭짓점(Corner)

문법

- 꼭짓점[꼭짓점의 번호]
  꼭짓점[기하창, 꼭짓점의 번호]
  꼭짓점[그림, 꼭짓점의 번호]
  꼭짓점[텍스트, 꼭짓점의 번호]

기능

- 기하창, 그림, 텍스트의 꼭짓점 위치에 점을 생성한다.

예

1. 그림1의 1번 꼭짓점 위치에 점을 생성한다.

```
꼭짓점[ 그림1 , 1 ]
```

대상 (Object)

문법

- 대상["대상 이름"]

기능

- 입력한 이름의 대상을 다시 생성한다.

도구아이콘 (ToolImage)

문법

- 도구아이콘[수]

기능

- 번호에 해당하는 도구의 아이콘을 생성한다.

예

1. 53번에 해당하는 도구의 아이콘을 기하창에 생성한다.

   도구아이콘[53]

   [실행결과]

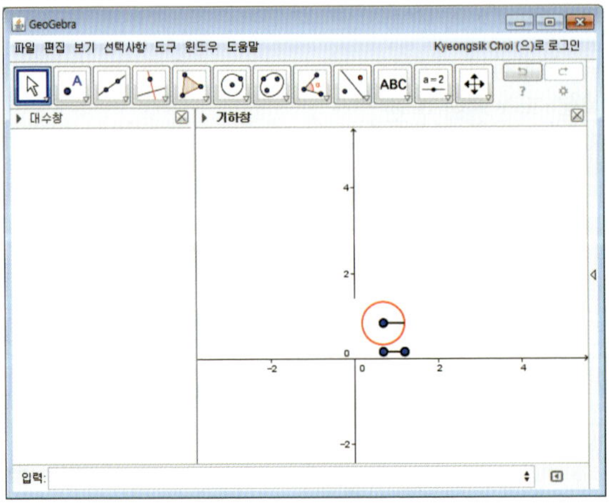

동적좌표(DynamicCoordinates)

문법

- 동적좌표[점 , 수 , 수]

기능

- 점이 움직일 때 특정 조건을 만족하면 좌표가 변화하도록 설정한다.

예

1. 점 A가 가장 가까운 정수좌표에 놓이도록 한다.

   동적좌표[A , round(x(A)) , round(y(A))]

2. 두 점 A, B 사이의 거리가 1보다 작으면 점 A에, 1보다 크면 점 B에 붙는 점을 생성한다.

   동적좌표[C , 조건[거리[A , B] < 1 , x(A) , x(B)] , 조건[거리[A , B] < 1 , y(A) , y(B)]]

복소수화(ToComplex)

문법

- 복소수화[벡터]

기능

- 주어진 벡터를 복소수 형식으로 변경한다.

예

1. 벡터 u를 복소수 형식으로 변경한다.

   복소수화[u]

이름(Name)

문법

- `이름[ 대상 ]`

기능

- 기하창에 대상의 이름을 텍스트로 생성한다.

예

1. 원 c의 이름을 기하창에 텍스트로 생성한다.

```
이름[ c ]
```

좌표화(ToPoint)

문법

- `좌표화[ 복소수 ]`

기능

- 복소수를 직교좌표형식으로 변경한다.

예

1. 복소수를 직교좌표형식으로 변경한다.

```
좌표화[ -2 + 3i ]
```

천천히그리기 (SlowPlot)

문법

- 천천히그리기[함수]

기능

- 함수의 그래프를 애니메이션으로 천천히 그린다.

예

1. 함수 f의 그래프를 슬라이더를 이용해 왼쪽부터 천천히 그린다.[1]

   천천히그리기[f]

[1]슬라이더는 자동으로 생성된다.

지오지브라 명령어

실행가이드북

GeoGebra

15. 최적화 명령어

최대화(Maximize)

문법

- 최대화[종속변수 , 독립변수]

기능

- 이 명령의 독립변수, 종속변수는 모두 슬라이더이다. 독립변수에 대하여 종속변수의 최댓값을 구한다.

최소화(Minimize)

문법

- 최소화[종속변수 , 독립변수]

기능

- 이 명령의 독립변수, 종속변수는 모두 슬라이더이다. 독립변수에 대하여 종속변수의 최솟값을 구한다.

지오지브라 명령어

실행가이드북

GeoGebra

16. 텍스트 명령어

과학용텍스트 (ScientificText)

문법

- 과학용텍스트[수]
  과학용텍스트[수 , 정확도]

기능

- 수를 유효숫자 표현법으로 나타낸다.

예

1. 2×10^{-3} 으로 나타낸다.

   과학용텍스트[0.002]

2. 무리수 e의 값을 유효숫자 5개까지 나타낸다.

   과학용텍스트[e , 5]

글자유니코드화 (LetterToUnicode)

문법

- 글자유니코드화["글자"]

기능

- 글자의 유니코드 숫자를 구한다.

예

1. 알파벳 a에 대응하는 유니코드 숫자를 구한다.

   글자유니코드화["a"]

글자화(UnicodeToLetter)

문법

- 글자화[수]

기능

- 유니코드에 대응되는 글자를 구한다.

예

1. 유니코드 97에 대응하는 글자를 구한다.

   글자화[97]

무리수텍스트화(SurdText)

문법

- 무리수텍스트화[수]
  무리수텍스트화[수 , 리스트]
  무리수텍스트화[점]

기능

- 수를 $\frac{a+b\sqrt{c}}{d}$ 의 형태로 나타낸다.
- 만일 무리수텍스트화[1.23456789012345]와 같이 적절한 무리수를 찾지 못하는 경우에는 본래의 수(1.23456789012345)를 그대로 제시한다.

예

1. 무리수텍스트화[2.414213562373095]

[실행결과]
$1 + \sqrt{2}$

2. 무리수텍스트화[5.382332347441762, sqrt(2) , sqrt(3) , sqrt(5)]

[실행결과]
$\sqrt{5}+\sqrt{3}+\sqrt{2}$

3. 무리수텍스트화[(2.414213562373095 , 1.414213562373095)]

[실행결과]
$(1+\sqrt{2}, \sqrt{2})$

분수화(FractionText)

문법

- 분수화[수]
  분수화[점]

기능

- 소수를 분수로 나타낸다.

예

1. 직선 a의 기울기를 분수로 나타낸다.

   분수화[기울기[a]]

2. 점 A의 좌표를 분수로 나타낸다.

   분수화[A]

서수 (Ordinal)

문법

- 서수[정수]

기능

- 수를 서수로 변경한다.[1]

예

1. 영어에서는 1st이지만 우리말로는 동일하게 1이다.

   서수[1]

세로텍스트 (VerticalText)

문법

- 세로텍스트["텍스트"]
  세로텍스트["텍스트", 점]

기능

- 세로방향의 텍스트를 생성한다.

예

1. "지오지브라"를 세로방향으로 나타나도록 텍스트를 생성한다.

   세로텍스트["지오지브라"]

2. 점 A의 위치에 세로방향 텍스트를 나타낸다.

   세로텍스트["사랑합니다", A]

[1] 우리말에서는 차이가 없다.

[실행결과]

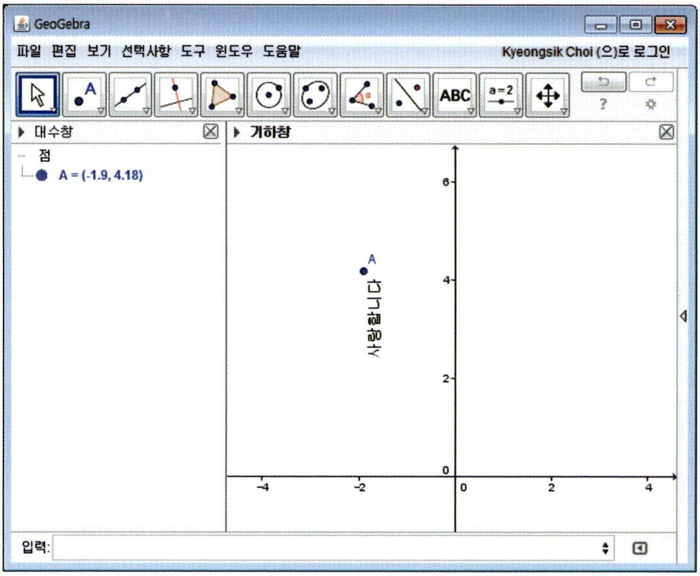
GeoGebra
파일 편집 보기 선택사항 도구 윈도우 도움말
Kyeongsik Choi (으)로 로그인
ABC
a=2
대수창
기하창
점
A = (-1.9, 4.18)
A
사랑합니다
입력:

수식(FormulaText)

문법

- 수식[대상]
  수식[대상 , 변수 대치 true|false]
  수식[대상 , 변수 대치 true|false , 이름 보이기 true|false]

기능

- 대상의 식을 텍스트로 나타낸다.

예

1. 함수 f의 식을 텍스트로 나타낸다.

   수식[f]

2. 함수 f를 변수를 대치하지 않은 텍스트로 나타낸다.

   수식[f , false]

3. 함수 f의 식과 이름을 텍스트로 나타낸다.

   수식[f , true , true]

4. 함수 f를 변수를 대치하지 않은 식과 이름을 텍스트로 나타낸다.

   수식[f , false , true]

연분수(ContinuedFraction)

문법

- 연분수[수]
  연분수[수 , 단계]
  연분수[수 , 단계 , 간단히쓰기 true|false]

기능

- 주어진 소수를 조건에 맞는 연분수로 바꾸어 텍스트로 나타낸다.

예

1. 소수를 연분수로 나타낸다.

```
연분수[ 5.45 ]
```

[실행결과]

$$5+\cfrac{1}{2+\cfrac{1}{4+\cfrac{1}{1+\frac{1}{1}}}}$$

2. 소수를 3단계까지 연분수로 나타낸다.

```
연분수[ 5.45 , 3 ]
```

[실행결과]

$$5+\cfrac{1}{2+\cfrac{1}{4+\cdots}}$$

3. 간단한 연분수 표현으로 나타낸다.

```
연분수[ 5.45 , true ]
```

[실행결과]
[5; 2, 4, 1, 1]

텍스트(Text)

문법

- 텍스트[대상]
  텍스트[대상 , 변수 대체 true|false]
  텍스트[대상 , 점]
  텍스트[대상 , 점 , 변수 대체 true|false]
  텍스트[대상 , 점 , 변수 대체 true|false , LaTeX 수식 사용 true|false]

기능

- 대상의 값을 텍스트로 나타낸다.

예

1. 수 c를 텍스트로 나타낸다.

   텍스트[c]

2. 수 c를 변수를 대체하지 않고 텍스트로 나타낸다.

   텍스트[c , false]

3. 텍스트를 점 A의 위치에 나타낸다.

   텍스트["hello" , A]

4. 수 c를 변수를 대체한 후 점 B의 위치에 텍스트로 나타낸다.

   텍스트[c , B , true]

5. 수 c를 변수를 대체하지 않고 점 A의 위치에 LaTeX 수식으로 나타낸다.

   텍스트[c , A , false , true]

텍스트유니코드화(TextToUnicode)

문법

- 텍스트유니코드화[텍스트]

기능

- 텍스트의 글자를 유니코드로 바꾸어 리스트를 생성한다.

예

1. 텍스트의 글자를 유니코드로 바꾸어 리스트를 생성한다.

```
텍스트유니코드화[ "hello" ]
```

텍스트화(UnicodeToText)

문법

- 텍스트화[정수의 리스트]

기능

- 유니코드의 리스트를 텍스트로 변환한다.

예

1. 유니코드의 리스트를 텍스트로 변환한다.

```
텍스트화[ { 104 , 101 , 108 , 108 , 111 } ]
```

[실행결과]
"hello"

텍스트회전(RotateText)

문법

- 텍스트회전[텍스트 , 각도]

기능

- 텍스트를 주어진 각도만큼 회전한 텍스트를 생성한다.

예

1. 텍스트1 을 45° 회전시킨 텍스트를 생성한다.

텍스트회전[텍스트1 , 45°]

[실행결과]

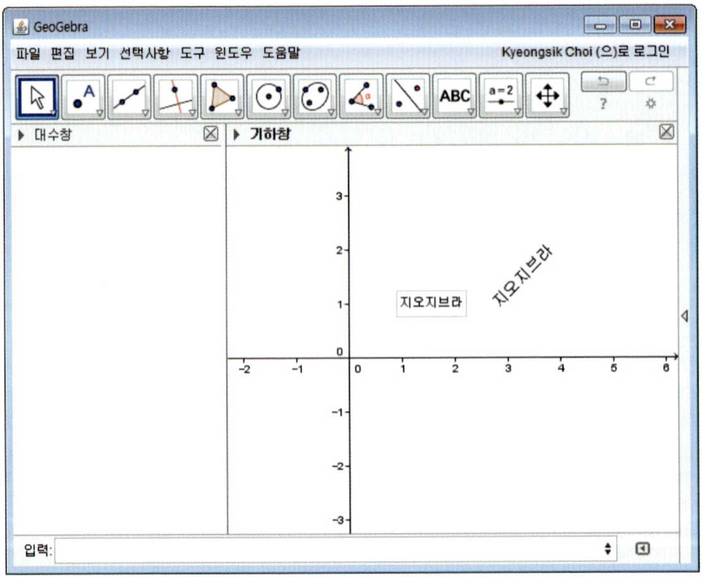

표(TableText)

문법

- 표[리스트 , 리스트 , ...]
  표[리스트 , 리스트 , ... , 텍스트의 배치]

기능

- 주어진 리스트에 대한 표를 생성한다.

예

1. 표[{ { x^2 , 4 } , { x^3 , 8 } , { x^4 , 16 } }]

[실행결과]

x^2	4
x^3	8
x^4	16

2. 표[수열[i^2 , i , 1 , 10]]

[실행결과]

1	4	9	16	25	36	49	64	81	100

3. 표[{ { 1 , 2 , 3 , 4 } , { 1 , 4 , 9 , 16 } } , "v"]

[실행결과]

1	1
2	4
3	9
4	16

4.
```
표[ { { 1 , 2 , 3 , 4 } , { 1 , 4 , 9 , 16 } } , "h" ]
```

[실행결과]

1 2 3 4

1 4 9 16

5.
```
표[{{1, 2}, {3, 4}}, "c()"]
```

[실행결과]

$$\begin{pmatrix} 1 & 2 \\ 3 & 4 \end{pmatrix}$$

6.
```
표[ { { 1 , 2 } , { 3 , 4 } } , "c|_" ]
```

[실행결과]

1	2
3	4

7.
```
표[ { { 1 , 2 } , { 3 , 4 } } , "||" ]
```

[실행결과]

$$\begin{vmatrix} 1 & 2 \\ 3 & 4 \end{vmatrix}$$

8.
```
표[ { { 1 , 2 } , { 3 , 4 } } , "||||" ]
```

[실행결과]

$$\begin{Vmatrix} 1 & 2 \\ 3 & 4 \end{Vmatrix}$$

9. 표[{"2 x + 3 y = 5", "5 x + 8 y = 12"}, "{v"]

[실행결과]

$$\begin{cases} 2x + 3y = 5 \\ 5x + 8y = 12 \end{cases}$$

10. 표[{{1, 2, 3, 4}, {5, 6, 7, 8}, {9, 10, 11, 12}, {13, 14, 15, 16}, {17, 18, 19, 20}}, "-/|_v"]

[실행결과]

1	5	9	13	17
2	6	10	14	18
3	7	11	15	19
4	8	12	16	20

11. 표[{{"\blue{0, 1, 2, 3, 4}", "\red{4, 3, 2, 1, 0}"}}, "v"]

[실행결과]

0, 1, 2, 3, 4

4, 3, 2, 1, 0

지오지브라 명령어

실행가이드북

GeoGebra

17. 통계 명령어

Q1(Q1)

문법

- Q1[원자료의 리스트]
  Q1[수의 리스트 , 도수의 리스트]

기능

- 리스트의 첫번째 4분위수를 구한다.

예

1. 리스트의 첫번째 4분위수인 1.5를 구한다.

   ```
   Q1[ { 1 , 2 , 3 , 4 } ]
   ```

2. 첫번째 4분위수인 1을 구한다.

   ```
   Q1[ { 1 , 2 , 3 , 4 } , { 3 , 2 , 4 , 2 } ]
   ```

Q3(Q3)

문법

- Q3[원자료의 리스트]
  Q3[수의 리스트, 도수의 리스트]

기능

- 리스트의 세번째 4분위수를 구한다.

예

1. 리스트의 세번째 4분위수 3.5를 구한다.

```
Q3[ { 1 , 2 , 3 , 4 } ]
```

2. 세번째 4분위수인 3을 구한다.

```
Q3[ { 1 , 2 , 3 , 4 } , { 3 , 2 , 4 , 2 } ]
```

Sxx(Sxx)

문법

- ```
  Sxx[ 점의 리스트 ]
  Sxx[ 수의 리스트 ]
  ```

기능

- 점의 x 좌표 또는 수를 이용하여 $\sum x^2 - \frac{(\sum x)^2}{n}$ 을 계산한다.

Sxy(Sxy)

문법

- ```
  Sxy[ 점의 리스트 ]
  Sxy[ 수의 리스트 , 수의 리스트 ]
  ```

기능

- 점의 x 좌표, y 좌표 또는 수를 이용하여 $\sum xy - \frac{(\sum x)(\sum y)}{n}$ 를 계산한다.

Syy(Syy)

문법

- Syy[점의 리스트]

기능

- 점의 y좌표를 이용하여 $\sum y^2 - \frac{(\sum y)^2}{n}$을 계산한다.

T검정(TTest)

문법

- T검정[표본 자료의 리스트 , 가설 평균 , 대립가설]
  T검정[표본 평균 , 표본 표준편차 , 표본의 크기 , 검정통계량 , 대립가설]

대립가설	설명
“<”	모평균 < 검정통계량
“>”	모평균 > 검정통계량
“$\neq$”	모평균 $\neq$ 검정통계량

기능

- 표본 자료의 리스트를 사용하여 모평균에 대한 T검정을 수행한다.

예

1. T검정의 결과는 { 확률값 , t검정 통계량 }으로 나타난다. 이 경우는 $\{0.5, 0\}$이다.

   T검정[{ 1 , 2 , 3 , 4 , 5 } , 3 , “<”]

2. T검정의 결과는 { 확률값 , t검정 통계량 }으로 나타난다. 이 경우는 $\{1, 0\}$이다.

   T검정[4 , 1 , 12 , 4 , “$\neq$”]

T검정2(TTest2)

문법

- T검정2[표본 자료 리스트 1 , 표본 자료 리스트 2 , 대립가설 , 합동추정사용 true|false]
  T검정2[표본 평균 1 , 표본 표준편차 1 , 표본 크기 1 , 표본 평균2 , 표본 표준편차2 , 표본 크기 2 , 대립가설 , 합동추정사용 true|false]

기능

- 표본 자료의 두 리스트를 사용하여 두 모평균의 차에 대한 T검정을 수행한다. T검정의 결과는 { 확률값 , t검정 통계량 }으로 나타난다.

대립가설	설명
“<”	두 모평균의 차 < 0
“>”	두 모평균의 차 > 0
“≠”	두 모평균의 차 $\neq 0$

T평균추정(TMeanEstimate)

문법

- T평균추정[표본 자료의 리스트 , 신뢰도]
  T평균추정[표본 평균 , 표본 표준편차 , 표본의 크기 , 신뢰도]

기능

- 모평균의 신뢰구간을 신뢰도에 따라 구한다.

예

1. 모평균의 신뢰도 95% 구간을 구한다.

   T평균추정[리스트1 , 0.95]

2. 모평균의 신뢰도 99% 구간을 구해준다.

   T평균추정[4 , 1 , 12 , 0.99]

T평균2추정(TMean2Estimate)

문법

- T평균2추정[표본 자료의 리스트 1 , 표본 자료의 리스트 2 , 신뢰도 , 합동추정사용 true|false]
T평균2추정[표본 평균 1 , 표본 표준편차 1 , 표본 크기 1 , 표본 평균 2 , 표본 표준편차 2 , 표본 크기 2 , 신뢰도 , 합동추정사용 true|false]

기능

- 두 모평균의 차에 대한 신뢰구간을 신뢰도에 따라 구한다.

예

1. 신뢰도 99% 구간을 구한다.

   ```
   T평균2추정[ 리스트1 , 리스트2 , 0.99 , true ]
   ```

2. 신뢰도 95% 구간을 구한다.

   ```
   T평균2추정[ 4 , 1 , 12 , 3 , 2 , 15 , 0.95 , true ]
   ```

X평균(MeanX)

문법

- X평균[점의 리스트]

기능

- 점의 리스트에서 x좌표의 평균을 구한다.

예

1. x좌표의 평균은 2.4이다.

   ```
   X평균[ {(0,0),(3,2),(5,1),(2,1),(2,4)} ]
   ```

X표본표준편차(SampleSDX)

문법

- X표본표준편차[점의 리스트]

기능

- 점의 리스트에서 x좌표의 표본표준편차를 구한다.

예

1. x좌표의 표본표준편차는 1.17이다.

   X표본표준편차[{(2,3),(1,5),(3,6),(4,2),(1,1),(2,5)}]

X표준편차(SDX)

문법

- X표준편차[점의 리스트]

기능

- 점의 리스트에서 x좌표의 표준편차를 구한다.

예

1. x좌표의 표준편차는 0.97이다.

   X표준편차[{(1,1),(2,2),(3,1),(3,3),(4,2),(3,-1)}]

Y평균(MeanY)

문법

- Y평균[점의 리스트]

기능

- 점의 리스트에서 y좌표의 평균을 구한다.

예

1. y좌표의 평균은 1.6이다.

   Y평균[{(0,0),(3,2),(5,1),(2,1),(2,4)}]

Y표본표준편차(SampleSDY)

문법

- Y표본표준편차[점의 리스트]

기능

- 점의 리스트에서 y좌표의 표본표준편차를 구한다.

예

1. y좌표의 표본표준편차는 1.97이다.

   Y표본표준편차[{(2,3),(1,5),(3,6),(4,2),(1,1),(2,5)}]

Y표준편차(SDY)

문법

- Y표준편차[점의 리스트]

기능

- 점의 리스트에서 y좌표의 표준편차 구한다.

예

1. y좌표의 표준편차는 1.25이다.

   Y표준편차[{(1,1),(2,2),(3,1),(3,3),(4,2),(3,-1)}]

Z비율검정(ZProportionTest)

문법

- Z비율검정[표본비율 , 표본크기 , 검정통계량 , 대립가설]

대립가설	설명
"<"	모비율 < 검정통계량
">"	모비율 > 검정통계량
"≠"	모비율 ≠ 검정통계량

기능

- 표본비율과 표본크기로 Z비율검정을 수행한다. Z비율검정의 결과는 { 확률값 , Z검정 통계량 }으로 나타난다.

Z비율검정2(ZProportion2Test)

문법

- Z비율검정2[표본비율 , 표본크기 , 검정통계량 , 대립가설]

대립가설	설명
"<"	두 모비율의 차 < 0
">"	두 모비율의 차 > 0
"≠"	두 모비율의 차 $\neq 0$

기능

- 두 표본비율과 표본크기로 Z비율검정2를 수행한다. Z비율검정2의 결과는 { 확률값 , Z검정 통계량 }으로 나타난다.

Z비율추정(ZProportionEstimate)

문법

- Z비율추정[표본비율 , 표본크기 , 신뢰도]

기능

- 표본비율, 표본크기, 신뢰도를 사용하여 모비율에 대한 Z 신뢰구간을 추정한다.

Z비율추정2(ZProportion2Estimate)

문법

- Z비율추정2[표본비율 1 , 표본크기 1 , 표본비율 2 , 표본크기 2 , 신뢰도]

기능

- 표본비율, 표본크기, 신뢰도를 사용하여 두 모비율의 차에 대한 Z 신뢰구간을 추정한다. Z비율추정2의 결과는 { 신뢰구간 하계 , 신뢰구간 상계 }로 나타난다.

Z평균검정(ZMeanTest)

문법

- Z평균검정[표본 자료의 리스트 , 모표준편차 , 검정통계량 , 대립가설]
  Z평균검정[표본평균 , 모표준편차 , 표본크기 , 검정통계량 , 대립가설]

대립가설	설명
“<”	모평균 < 검정통계량
“>”	모평균 > 검정통계량
“≠”	모평균 ≠ 검정통계량

기능

- 표본 자료의 리스트와 모표준편차를 사용하여 모평균에 대한 Z평균검정을 수행한다. Z평균검정의 결과는 { 확률값 , Z검정 통계량 }으로 나타난다.

Z평균검정2(ZMean2Test)

문법

- Z평균검정2[표본 자료의 리스트 , 모표준편차 , 검정통계량 , 대립가설]
  Z평균검정2[표본평균 , 모표준편차 , 표본크기 , 검정통계량 , 대립가설]

대립가설	설명
“<”	모평균 < 검정통계량
“>”	모평균 > 검정통계량
“≠”	모평균 ≠ 검정통계량

기능

- 표본 자료의 리스트와 모표준편차를 사용하여 모평균에 대한 Z평균검정을 수행한다. Z평균검정의 결과는 { 확률값 , Z검정 통계량 }으로 나타난다.

Z평균추정(ZMeanEstimate)

문법

- Z평균추정[표본 자료의 리스트 , 모표준편차 , 신뢰도]
  Z평균추정[표본평균 , 모표준편차 , 표본크기 , 신뢰도]

기능

- 표본 자료, 모표준편차, 신뢰도를 사용하여 모평균의 Z 신뢰구간을 추정한다.
- 표본평균, 모표준편차, 표본크기를 사용하여 모평균의 Z 신뢰구간을 추정한다. Z평균추정의 결과는 { 신뢰구간 하계 , 신뢰구간 상계 }로 나타난다.

Z평균추정2(ZMean2Estimate)

문법

- Z평균추정2[표본 자료의 리스트 1 , 표본 자료의 리스트 2 , 모표준편차 1 , 모표준편차 2 , 신뢰도]
  Z평균추정2[표본평균 1 , 모표준편차 1 , 표본크기 1 , 표본평균 2 , 모표준편차 2 , 표본크기 2, 신뢰도]

기능

- 표본 자료의 리스트, 모표준편차와 신뢰도를 사용하여 두 모평균의 차에 대한 Z 신뢰구간을 추정한다. Z평균추정2의 결과는 { 신뢰구간 하계 , 신뢰구간 상계 }로 나타난다.
- 두 표본평균, 모표준편차, 신뢰도를 사용하여 두 모평균의 차에 대한 Z 신뢰구간을 추정한다. Z평균추정2의 결과는 { 신뢰구간 하계 , 신뢰구간 상계 }로 나타난다.

결정계수 (RSquare)

문법

- 결정계수[점의 리스트 , 함수]

기능

- 점의 리스트의 y값들과 점의 x값에 대한 함수값의 리스트에 대하여 결정계수(Coefficient of Determination) $R^2 = 1 - SSE/S_{yy}$를 구한다.

예

1. 결정계수[{ (-3 , 2) , (-2 , 1) , (-1 , 3) , (0 , 4) , (1 , 2) , (2 , 4) , (3 , 3) , (4 , 5) , (6 , 4) } , 0.5 x + 2.5]

[실행결과]
0.28

공분산 (Covariance)

문법

- 공분산[점의 리스트]
  공분산[수의 리스트 , 수의 리스트]

기능

- 점의 리스트나 두 수의 리스트의 공분산을 구한다.

예

1. 공분산[{ (1 , 1) , (2 , 3) , (3 , 7) }]
2. 공분산[{ 1 , 2 , 3 } , { 1 , 3 , 7 }]

기하평균(GeometricMean)

문법

- 기하평균[수의 리스트]

기능

- 리스트의 기하평균을 구한다.

예

1. 기하평균[{3, 4, 5, 3, 2, 3, 4}]

백분위수(Percentile)

문법

- 백분위수[수의 리스트 , 퍼센트]

기능

- 오름차순으로 정렬된 수의 리스트에서 주어진 백분율로 잘랐을 때의 값을 구해준다.

예

1. 리스트의 25%의 값인 1.5를 구한다.

   백분위수[{1, 2, 3, 4, 5}, 0.25]

분산(Variance)

문법

- 분산[원자료의 리스트]
  분산[수의 리스트 , 도수의 리스트]

기능

- 리스트 원소의 분산을 구한다.

예

1. 분산[{ 1 , 2 , 3 }]
2. 분산[{ 1 , 2 , 3 } , { 1 , 2 , 1 }]

상관계수(CorrelationCoefficient)

문법

- 상관계수[점의 리스트]
  상관계수[x좌표의 리스트 , y좌표의 리스트]

기능

- 점이나 두 리스트 사이의 상관계수를 구한다.

예

1. 상관계수[{ (1 , 1) , (3 , 6) , (2 , 4) , (1 , 3) , (5 , 3) , (2 , 2) }]
2. 상관계수[{ 1 , 3 , 2 , 1 , 5 , 2 } , { 1 , 6 , 4 , 3 , 3 , 2 }]

섞기(Shuffle)

문법

- 섞기[리스트]

기능

- 리스트의 원소들을 임의로 재배열한다.

예

1. 리스트의 원소들을 임의로 재배열한다.

   섞기[{3,5,1,7,3}]

스피어만(Spearman)

문법

- 스피어만[점의 리스트]
  스피어만[수의 리스트 , 수의 리스트]

기능

- x와 y값의 스피어만 상관계수를 구해준다.

예

1. 스피어만[{(-3,4),(-1,4),(-2,3),(1,3),(2,2),(1,5)}]

[실행결과]
$a = -0.37$

2. 스피어만[{3,2,4,5,1,6,8,9},{5,6,8,2,1,3,4,7}]

[실행결과]
$a = 0.24$

시그마XX(SigmaXX)

문법

- 시그마XX[점의 리스트]
  시그마XX[원자료의 리스트]
  시그마XX[수의 리스트 , 도수의 리스트]

기능

- 점의 x좌표의 제곱의 합을 구한다.

예

1. 시그마XX[{ (-3 , 4) , (-1 , 4) , (-2 , 3) , (1 , 3) , (2 , 2) , (1 , 5) }]

[실행결과]
20

2. 리스트1 = { 3 , 2 , 4 , 3 , 3 , 2 , 1 , 1 , 2 , 3 , 3 , 4 , 5 , 3 , 2 , 1 , 1 , 2 , 3 }
리스트2 = 반복원소제거 [리스트 1]

[실행결과]
리스트2 = { 1 , 2 , 3 , 4 , 5 }

리스트1 = { 3 , 2 , 4 , 3 , 3 , 2 , 1 , 1 , 2 , 3 , 3 , 4 , 5 , 3 , 2 , 1 , 1 , 2 , 3 }
리스트3 = 도수 [리스트 1]

[실행결과]
리스트3 = { 4 , 5 , 7 , 2 , 1 }

시그마XX[리스트2 , 리스트3]

[실행결과]
144

시그마XY(SigmaXY)

문법

- 시그마XY[점의 리스트]
  시그마XY[x좌표의 리스트 , y좌표의 리스트]

기능

- 리스트의 원소인 점의 x, y좌표의 곱의 합을 구한다.

예

1. 점 A, B, C, D에 대한 공분산을 구한다.

   리스트1 = { A , B , C , D }
   시그마XY[리스트1] / 길이 [리스트1] - X평균 [리스트1] - Y평균 [리스트 1]

2. 점 A, B, C, D의 각 x좌표와 y좌표의 곱의 합을 구한다.

   시그마XY[{ x(A) , x(B) , x(C) , x(D) } , { y(A) , y(B) , y(C) , y(D) }]

시그마YY(SigmaYY)

문법

- 시그마YY[점의 리스트]

기능

- 점의 y좌표의 제곱의 합을 구한다.

예

1. 리스트1 = { (-3 , 4) , (-1 , 4) , (-2 , 3) , (1 , 3) , (2 , 2) , (1 , 5) }
   시그마YY[리스트1]

[실행결과]
$a = 79$

아노바(ANOVA)

문법

- 아노바[리스트 , 리스트 , …]

기능

- 몇 개의 자료에 대하여 분산분석((Analysis of variance, ANOVA)을 시행한다.

예

1. { P 값 , F-테스트분석값 }을 구한다.

   아노바[리스트1 , 리스트2 , 리스트3]

제곱평균제곱근(RootMeanSquare)

문법

- 제곱평균제곱근[{ 3 , 4 , 5 , 3 , 2 , 3 , 4 }]

기능

- 리스트의 수에 대하여 제곱 평균의 제곱근을 구한다.

예

1. 제곱평균제곱근[{ 3 , 4 , 5 , 3 , 2 , 3 , 4 }]

[실행결과]
3.5456

적합거듭제곱함수(FitPow)

문법

- 적합거듭제곱함수[점의 리스트]

기능

- 점의 리스트에 대한 ax^b 형태의 회귀곡선을 생성한다.

예

1. $(1,1)$, $(3,2)$, $(7,4)$에 대하여 $0.97x^{0.71}$인 회귀곡선을 생성한다.

```
적합거듭제곱함수[{(1,1),(3,2),(7,4)}]
```

적합다항함수(FitPoly)

문법

- 적합다항함수[점의 리스트, 다항식의 차수]

기능

- 점의 리스트에 대한 n차 회귀 다항식을 생성한다.

예

1. $(-1,-1),(0,1),(1,1),(2,5)$에 대한 3차 회귀 다항식 x^3-x^2+1을 생성한다.

```
적합다항함수[{(-1,-1),(0,1),(1,1),(2,5)},3]
```

적합로그함수 (FitLog)

문법

- 적합로그함수[점의 리스트]

기능

- 점의 리스트에 대한 로그 회귀곡선을 생성한다.

예

1. $(e, 1), (e^2, 4)$ 에 대한 로그 회귀곡선 $-2 + 3\ln(x)$ 을 생성한다.

```
적합로그함수[{(e,1),(e^2,4)}]
```

적합로지스틱함수 (FitLogistic)

문법

- 적합로지스틱함수[점의 리스트]

기능

- 점의 리스트에 대한 $\frac{a}{1+be^(-kx)}$ 형태의 회귀곡선을 생성한다.

예

1. $(-6, 2), (0, 2), (3, 4), (3.4, 8)$ 에 대한 로지스틱 회귀곡선 $\frac{1.98}{1-0.03e^x}$ 을 생성한다.

```
적합로지스틱함수[ {(-6,2),(0,2),(3,4),(3.4,8)}]
```

적합사인함수(FitSin)

문법

- 적합사인함수[점의 리스트]

기능

- 점의 리스트에 대한 $a + b\sin(cx + d)$ 형태의 회귀곡선을 생성한다.

예

1. $(1,1),(2,2),(3,1),(4,0),(5,1),(6,2)$에 대한 사인 회귀곡선 $1+\sin(1.5708x-1.5708)$을 생성한다.

   적합사인함수[{(1,1),(2,2),(3,1),(4,0),(5,1),(6,2)}]

적합선(Fit)

문법

- 적합선[점의 리스트, 함수의 리스트]
  적합선[점의 리스트, 함수]

기능

- 점의 리스트에 대한 최적인 함수의 일차결합을 생성한다.

예

1. $(-2,3),(0,1),(2,1),(2,3)$에 대하여 x^2과 x의 일차결합인 $0.625x^2 - 0.25x$를 생성한다.

   적합선[{(-2,3),(0,1),(2,1),(2,3)},{x^2,x}]

2. 슬라이더 a의 범위는 -5부터 5까지이며 제시된 점 $(-2,3),(0,1),(2,1),(2,3)$에 대하여 오차의 최소제곱을 계산하여 $-1+x^2$을 생성한다.

   적합선[{(-2,3),(0,1),(2,1),(2,3)},a+x^2]

적합성장함수 (FitGrowth)

문법

- 적합성장함수[점의 리스트]

기능

- 점의 리스트에 대한 $a \cdot b^x$ 형태의 회귀곡선을 생성한다.

예

1. $(0,1), (2,3), (4,3), (6,4)$ 에 대한 성장함수 회귀곡선 $1.31 \cdot 1.23^x$ 을 생성한다.

   적합성장함수[{(0,1),(2,3),(4,3),(6,4)}]

적합음함수 (FitImplicit)

문법

- 적합음함수[점의 리스트 , 차수]

기능

- 점의 리스트에 대한 음함수 회귀곡선을 생성한다.
- $n \geq 2$차 음함수 회귀곡선을 생성하려면 $\frac{n(n+3)}{2}$ 개 이상의 점이 필요하다.

적합지수함수(FitExp)

문법

- 적합지수함수[점의 리스트]

기능

- 점의 리스트에 대한 $a \cdot e^{bx}$ 형태의 회귀곡선을 생성한다.

예

1. $(-1,3),(2,1),(3,4),(5,3),(6,5)$ 에 대한 지수함수 회귀곡선 $2.17e^{0.09x}$ 를 생성한다.

```
적합지수함수[{(-1,3),(2,1),(3,4),(5,3),(6,5)}]
```

적합직선(FitLine)

문법

- 적합직선[점의 리스트]

기능

- 점들의 y 좌표가 x 위에 회귀하는 직선을 구해준다.

예

1. $(-2,1),(1,2),(2,4),(4,3),(5,4)$ 에 대하여 회귀직선인 $0.4x+2$ 을 생성한다.

```
적합직선[{(-2,1),(1,2),(2,4),(4,3),(5,4)}]
```

적합직선X(FitLineX)

문법

- 적합직선X[점의 리스트]

기능

- 점들의 x 좌표가 y 위에 회귀하는 직선을 구해준다.

예

1. $(-1,3), (2,1), (3,4), (5,3), (6,5)$에 대하여 회귀직선인 $1.1x - 0.1$을 생성한다.

   적합직선X[{ (-1 , 3) , (2 , 1) , (3 , 4) , (5 , 3) , (6 , 5) }]

제곱오차의합(SumSquaredErrors)

문법

- 제곱오차의합[점의 리스트 , 함수]

기능

- 점의 리스트와 함수 $f(x)$가 주어졌을 때, 점의 y좌표와 $f(x)$ 값의 차를 제곱하여 합을 구한다.

예

1. 제곱오차의합[{ A , B , C , D , E } , f]

조화평균(HarmonicMean)

문법

- 조화평균[수의 리스트]

기능

- 리스트의 원소에 대한 조화평균을 구한다.

예

1. 조화평균[{1,3,5,7,9}]

[실행결과]
$a = 2.8$

중앙값(Median)

문법

- 중앙값[원자료의 리스트]
  중앙값[수의 리스트 , 도수의 리스트]

기능

- 자료의 중앙값을 구한다.

예

1. 중앙값[{1, 2, 3}, {4, 1, 6}]

[실행결과]
3

짝의T검정(TTestPaired)

문법

- 짝의T검정[표본 자료의 리스트 1, 표본 자료의 리스트 2, 대립가설]

기능

- 두 표본 자료에 대하여 짝의 T검정을 수행한다.[1]

대립가설	설명
"<"	$\mu < 0$
">"	$\mu > 0$
"≠"	$\mu \neq 0$

예

1. 짝의 T검정의 결과는 { 확률값 , t검정 통계량 }으로 나타난다. 이 경우는 $\{0.5, 0\}$ 이다.

   짝의T검정[{1, 2, 3, 4, 5}, {1, 1, 3, 5, 5}, "<"]

최빈값(Mode)

문법

- 최빈값[수의 리스트]

기능

- 자료의 최빈값을 구해 리스트로 만들어 준다.

예

1. 최빈값은 { 1 } 이다.

   최빈값[{1, 1, 1, 2, 3, 4}]

[1]짝의 T검정의 자료는 $(x_1, y_1), (x_2, y_2), \cdots, (x_n, y_n)$과 같이 표현된다. 이 때 순서쌍의 두 원소의 차 $d_i = (x_i - y_i)$를 구한 후 d_i의 평균이 0인지 검정한다. μ는 d_i의 평균을 의미한다.

카이제곱검정(ChiSquaredTest)

문법

- 카이제곱검정[행렬]
  카이제곱검정[리스트 , 리스트]
  카이제곱검정[행렬 , 행렬]

기능

- 관찰된 결과에 대한 행렬과 예상 결과에 대한 행렬을 독립이라는 가정하에 카이제곱검정을 수행한다. 예상 결과에 대한 행렬은 내부적으로 계산된다. 각각의 예상 결과는 다음 공식을 사용하여 관찰된 결과에 대한 행렬로부터 얻는다.

$$\text{예상 결과(횟수)} = \frac{\text{행의 총합} \times \text{열의 총합}}{\text{총 관찰 횟수}}$$

카이제곱검정의 결과는 { 확률값 , 카이제곱검정 통계량 }으로 나타난다.

예

1. 카이제곱검정[{ { 1 , 2 , 1 } , { 3 , 2 , 3 } }]

[실행결과]
{0.69, 0.75}

2. 카이제곱검정[{ 1 , 2 , 3 , 4 } , { 3 , 2 , 4 , 2 }]

[실행결과]
{0.31, 3.58}

3. 카이제곱검정[{ { 1 , 2 , 1 } , { 3 , 2 , 3 } } , { { 2 , 3 , 2 } , { 4 , 2 , 3 } }]

[실행결과]
{0.45, 1.58}

평균(Mean)

문법

- 평균[원자료의 리스트]
  평균[수의 리스트 , 도수의 리스트]

기능

- 자료의 평균을 구한다.

예

1. 평균[{1,2,3,4},{6,1,3,6}]

표본(Sample)

문법

- 표본[리스트 , 크기]
  표본[리스트 , 크기 , 중복가능 true|false]

기능

- 리스트에서 크기에 따른 표본을 추출한다.
- CAS에서는 리스트에 문자나 리스트가 포함되어 있어도 추출이 가능하다.

예

1. 중복을 허용하여 5개의 표본을 추출한다.

   표본[{1,2,3,4,5},5,true]

[실행결과(예)]
{2,3,3,4,5}

표본분산(SampleVariance)

문법

- 표본분산[원자료의 리스트]
  표본분산[수의 리스트, 도수의 리스트]

기능

- 리스트에 대한 표본의 분산을 구한다.

예

1. 표본분산[{1,2,3,4,5}]

[실행결과(예)]
$a = 2.5$

2. 표본분산[{1,2,3,4,5},{3,2,4,4,1}]

[실행결과(예)]
$a = 1.29$

3. CAS의 경우 문자연산도 가능하다.

표본분산[{x,y,z}]

[실행결과(예)]

$$\frac{x^2 - xy - xz + y^2 - yz + z^2}{3}$$

표본표준편차(SampleSD)

문법

- 표본표준편차[원자료의 리스트]
  표본표준편차[수의 리스트 , 도수의 리스트]

기능

- 리스트의 자료에 대한 표본표준편차를 구한다.

예

1. 표본표준편차[{ 1 , 2 , 3 , 4 , 5 }]

[실행결과]
1.58

2. 표본표준편차[{ 1 , 2 , 3 , 4 , 5 } , { 3 , 2 , 4 , 4 , 1 }]

[실행결과]
1.29

표준편차(SD)

문법

- 표준편차[원자료의 리스트]
  표준편차[수의 리스트 , 도수의 리스트]

기능

- 자료의 표준편차를 구한다.

예

1. 표준편차[{ 1 , 2 , 3 , 4 , 5 }]

[실행결과]
1.41

2. 표준편차[{ 20 , 40 , 41 , 42 , 40 , 54 } , { 20 , 6 , 4 , 5 , 2 }]

[실행결과]
5.96

합(Sum)

문법

- 합[리스트]
  합[리스트 , 원소의 수]
  합[리스트 , 도수의 수]

기능

- 리스트의 합을 구한다.

예

1. 원소들의 합을 구한다.

   합[{ 1 , 2 , 3 }]

   합[{ x^2 , x^3 }]

2. 1에서 100까지의 합을 구한다.

   합[수열[i , i , 1 , 100]]

3. 두 점을 좌표끼리 더한다.

   합[{ (1 , 2) , (2 , 3) }]

4. 각 좌표에 3을 더한다.

```
합[{(1,2),3}]
```

5. 텍스트를 합쳐서 abc로 나타낸다.

```
합[{"a","b","c"}]
```

6. 리스트의 처음 4개의 원소를 더한다.

```
합[{1,2,3,4,5,6},4]
```

7. 리스트의 원소를 도수의 수만큼 더한다.

```
합[{1,2,3,4,5},{3,2,4,4,1}]
```

18. 함수와 미적분 명령어

경로매개변수(PathParameter)

문법

- 경로매개변수[경로위의 점]

기능

- 한 점이 어떤 경로위에 있을 때 경로매개변수를 구한다.

예

1. 점 C의 경로매개변수를 구한다. 경로매개변수는 0부터 1까지의 수이다.

   ```
   경로매개변수[ C ]
   ```

계수(Coefficients)

문법

- 계수[다항식]
  계수[원뿔곡선(이차곡선)]

기능

- 다항식이나 원뿔곡선(이차곡선)의 계수를 리스트로 구한다.

예

1. 각 항의 계수를 $\{1, -3, 3, 0\}$ 으로 구한다.

   ```
   계수[ x^3 - 3x^2 + 3x ]
   ```

2. 각 항의 계수를 $\{0, 1, 0, 0, -4, 0\}$ 으로 구한다.

   ```
   계수[ y^2 = 4 x ]
   ```

곡률(Curvature)

문법

- 곡률[점 , 함수]
  곡률[점 , 곡선]

기능

- 곡선 위의 점에서의 곡률을 구한다.

예

1. 함수 f의 그래프 위의 점 A에서의 곡률을 구한다.

   곡률[A , f]

2. 매개변수곡선 a 위의 점 B에서의 곡률을 구한다.

   곡률[B , a]

곡률벡터(CurvatureVector)

문법

- 곡률벡터[점 , 함수]
  곡률벡터[점 , 곡선]

기능

- 곡선 위의 점에서의 곡률벡터를 구한다.

예

1. 함수 f의 그래프 위의 점 A에서의 곡률벡터를 구한다.

   곡률벡터[A , f]

2. 매개변수곡선 a 위의 점 B에서의 곡률벡터를 구한다.

   곡률벡터[B , a]

곡선(Curve)

문법

- 곡선[식 , 식 , 변수 , 처음값 , 마지막값]

기능

- 직교좌표계에서 매개변수 곡선을 생성한다.

예

1. 반지름이 2인 원을 생성한다.

   곡선[2 cos(t) , 2 sin(t) , t , 0 , 2 pi]

극값(Extremum)

문법

- 극값[다항식]
  극값[함수 , 처음 x 값 , 마지막 x 값]

기능

- 구간 안에서 함수의 극대점, 극소점을 구한다.

예

1. 함수 f 의 극대점, 극소점을 구한다.

   극값[f]

2. 함수 g 의 구간 [-2, 0] 에서의 극대점, 극소점을 구한다.

   극값[g , -2 , 0]

극한(Limit)

문법

- `극한[ 함수 , 수 ]`

기능

- 함수의 극한값을 구한다.

예

1. $x \to \infty$ 일 때 f 의 극한값을 구한다.

   `극한[ f , inf ]`

근(Root)

문법

- ```
  근[ 다항식 ]
  근[ 함수 , 처음 x 값 ]
  근[ 함수 , 처음 x 값 , 마지막 x 값 ]
  ```

기능

- 다항식이나 함수의 근을 구한다.

예

1. `근[ 0.1 x^2 - 1.5 x + 5 ]`
2. `근[ 0.1 x^2 - 1.5x + 5 , 6 ]`
3. `근[ 0.1 x^2 - 1.5 x + 5 , 8 , 13 ]`
  ```

근리스트(RootList)

문법

- 근리스트[리스트]

기능

- 리스트 $\{a_1, a_2, \cdots, a_n\}$에 대한 점의 리스트 $\{(a_1, 0), (a_2, 0), ..., (a_n, 0)\}$을 구한다.

예

1. 근리스트[{ 3 , 4 , 5 , 2 , 1 , 3 }]

다항식(Polynomial)

문법

- 다항식[식]
  다항식[점의 리스트]

기능

- 다항식을 전개하거나 주어진 n개의 점을 지나는 $n-1$차 다항식을 구한다.

예

1. 다항식을 전개한다.

   다항식[(x - 3)^2]

2. 세 점을 지나는 이차곡선을 구한다.

   다항식[{ (1 , 1) , (2 , 3) , (3 , 6) }]

매개변수미분 (ParametricDerivative)

문법

- 매개변수미분 [매개변수곡선]

기능

- 매개변수곡선을 미분한다.

예

1. 매개변수미분 [곡선 [2t , t^2 , t , 0 , 10]]

미분 (Derivative)

문법

- 미분 [함수]
  미분 [곡선]
  미분 [함수 , 수]
  미분 [함수 , 변수]
  미분 [곡선 , 수]
  미분 [함수 , 변수 , 수]

기능

- 함수나 곡선을 미분하여 n계 도함수를 구한다.

예

1. 미분 [x^3 + x^2 + x]
2. 매개변수곡선을 미분한다.

   미분 [곡선 [cos(t) , t sin(t) , t , 0 , pi]]
3. 2계 도함수를 구한다.

   미분 [x^3 + x^2 + x , 2]

4. 다변수함수를 y에 관하여 미분한다.

```
미분[ x^3 y^2 + y^2 + y x , y ]
```

5. 매개변수곡선을 2번 미분한다.

```
미분[ 곡선[ cos(t) , t sin(t) , t , 0 , pi ] , 2 ]
```

6. 다변수함수를 x에 관해 2번 미분한다.

```
미분[ x^3 + 3 x y , x , 2 ]
```

미분방정식수치풀기 (NSolveODE)

문법

- 미분방정식수치풀기 [도함수의 리스트 , 초기 x좌표 , 초기 y좌표의 리스트 , 끝 x좌표]

기능

- 연립미분방정식의 해를 구한다.

예

1. 미분방정식수치풀기 [] 명령을 활용한 진자운동 모의실험을 구성한다.

```
g = 9.8
l = 2
a = 5 (시작위치)
b = 3 (처음 힘)
y1'( t , y1 , y2 ) = y2
y2'( t , y1 , y2 ) = (-g) / l sin(y1)
미분방정식수치풀기 [ { y1' , y2' } , 0 , { a , b } , 20 ]
len = 길이 [ 수치적분1 ]
c = 슬라이더 [ 0 , 1 , 1 / len , 1 , 100 , false , true , true , false ]
x1 = l sin( y( 점 [ 수치적분1 , c ] ) )
y1 = -l cos( y( 점 [ 수치적분1 , c ] ) )
A = ( x1 , y1 )
선분 [ ( 0 , 0 ) , A ]
애니메이션시작 []
```

[실행결과](http://ggbtu.be/m990341)

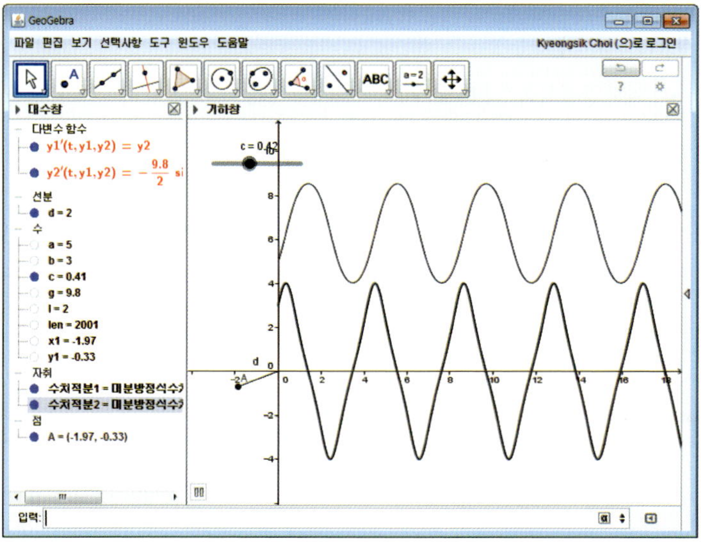

미분방정식풀기 (SolveODE)

문법

- 미분방정식풀기 [f'(x , y)]
  미분방정식풀기 [f'(x , y) , f 위의 점]
  미분방정식풀기 [f'(x , y) , 시작 x , 시작 y , 마지막 x , 증가분]
  미분방정식풀기 [y' , x' , 시작 x , 시작 y , 마지막 t , 증가분]
  미분방정식풀기 [b(x),c(x),f(x), 시작 x, 시작 y, 시작 y', 마지막 x, 증가분]

기능

- 상미분방정식의 해를 구한다.

예

1. 미분방정식풀기 [2x / y]

[실행결과]
$y = \sqrt{2}\,\sqrt{-c_1 + x^2}$

2. 미분방정식풀기 [y / x , (1 , 2)]

[실행결과]
$y = 2\,x$

3. 미분방정식풀기 [x^2 , 2x , 2x^2 + x , x(A) , y(A) , 0 , 5 , 0.1]

반복리스트(IterationList)

문법

- 반복리스트[함수 , 시작값 , 반복 횟수]

기능

- 초기값으로 함수에 대하여 오일러 반복법을 수행할 때 나타나는 원소의 리스트를 구한다.

예

1. $f(x) = x^2$에 대하여 초기값 3으로 오일러 반복법을 2번 수행한 결과인 { 3 , 9 , 81 }를 구한다.

   반복리스트[f , 3 , 2]

반복법(Iteration)

문법

- 반복법[함수 , 시작값 , 반복 횟수]

기능

- 초기값으로 함수에 대하여 오일러 반복법을 수행할 때의 함숫값을 구한다.

예

1. $f(x) = x^2$에 대하여 초기값을 3으로 하여 오일러 반복법을 2번 수행한다.

   반복법[x^2 , 3 , 2]

벡터장(SlopeField)

문법

- 벡터장[f(x , y)]
  벡터장[f(x , y) , 수 n]
  벡터장[f(x , y) , 수 n , 길이승수 a]
  벡터장[f(x , y) , 수 n , 길이승수 a , 최솟값 x , 최솟값 y , 최댓값 x , 최댓값 y]

기능

- 미분방정식의 해를 벡터장으로 나타낸다.

예

1. 미분방정식의 해를 벡터장으로 나타낸다.

   벡터장[x + y]

   [실행결과]

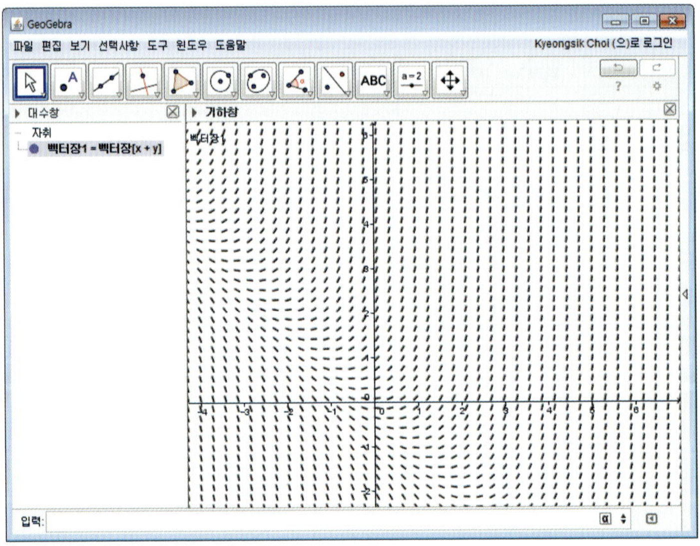

2. 벡터장을 8 × 8 형태로 나타낸다.

```
벡터장[ x + y , 8 ]
```

[실행결과]

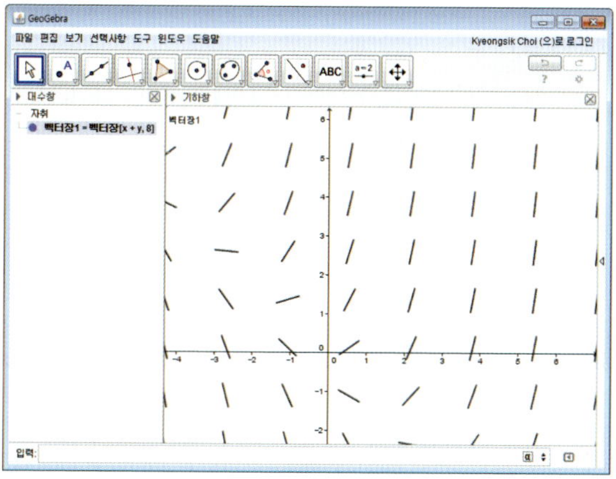

3. 벡터장을 10 × 10 형태로 배열하며 벡터의 길이는 0.5으로 나타낸다.

```
벡터장[ x + y , 10 , 0.5 ]
```

[실행결과]

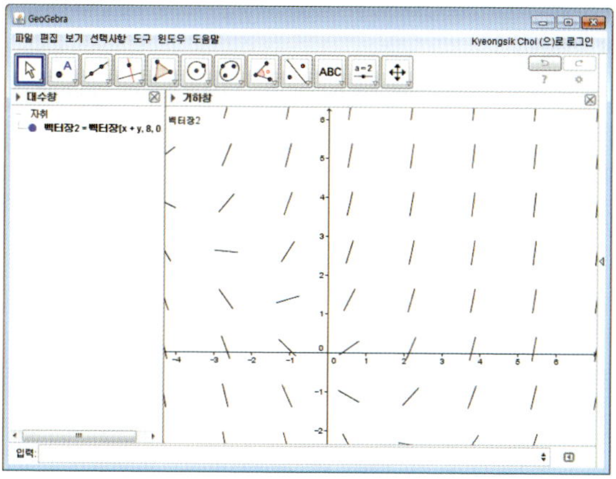

4. 주어진 영역안에 벡터장을 나타낸다.

```
벡터장[x + y, 10, 0.7, -8, -8, 8, 8]
```

[실행결과]

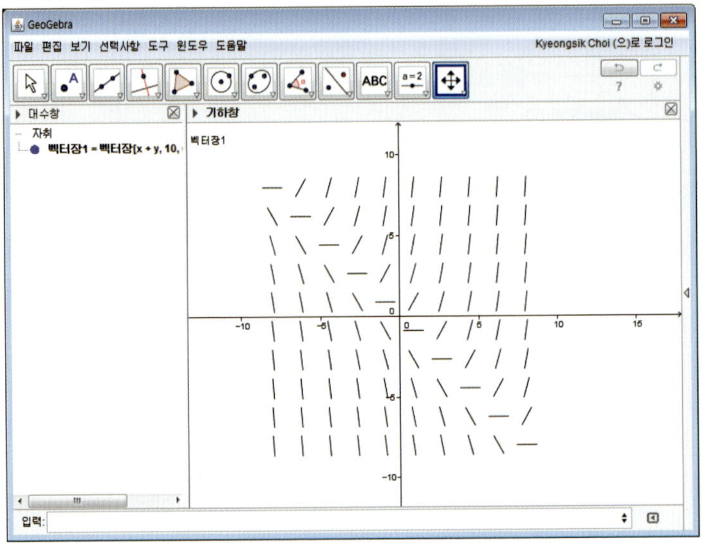

변곡점(InflectionPoint)

문법

- `변곡점[ 다항함수 ]`

기능

- 다항함수의 변곡점을 생성한다.

예

1. 함수 $f(x) = x^4 - 3x^2 + 2$의 변곡점을 생성한다.

```
변곡점[ x^4 - 3 x^2 + 2 ]
```

복소근(ComplexRoot)

문법

- 복소근[다항식]

기능

- 다항식의 복소근을 기하창에 표시한다.

예

1. 방정식 $x^2 + 4 = 0$의 복소근을 기하창에 표시한다.

   복소근[x^2 + 4]

부분분수(PartialFractions)

문법

- 부분분수[유리함수]

기능

- 유리함수를 부분분수로 분해한 식을 구한다.

예

1. 부분분수[x^2 / (x^2 - 2 x + 1)]

[실행결과]

$1 + \frac{1}{(x-1)^2} + \frac{2}{x-1}$

분모(Denominator)

문법

- 분모[함수]

기능

- 유리함수의 분모를 구한다.

예

1. 분모[x^2 / (x^2 - 2 x + 1)]

[실행결과]
$x^2 - 2\,x + 1$

분자(Numerator)

문법

- 분자[함수]

기능

- 유리함수의 분자를 구한다.

예

1. 분자[x^2 / (x^2 - 2 x + 1)]

[실행결과]
x^2

사다리꼴합(TrapezoidalSum)

문법

- 사다리꼴합[함수 , 처음 x값 , 마지막 x값 , 분할수 n]

기능

- 주어진 구간을 n등분하여 함수와 x축 사이의 n개의 사다리꼴의 합을 구한다.

예

1. 함수 $f(x) = x^2$에 대하여 구간 $[-2,\ 3]$을 5등분하여 구한 사다리꼴 5개의 넓이의 합을 구한다.

사다리꼴합[x^2 , -2 , 3 , 5]

[실행결과]

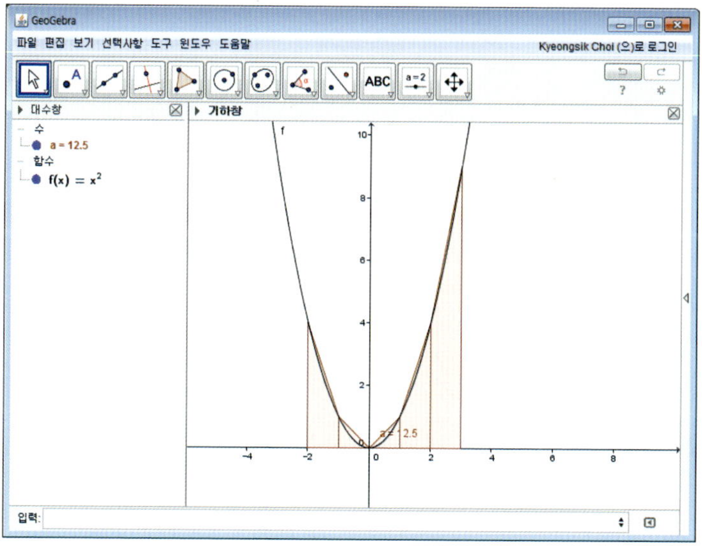

삼각함수전개 (TrigExpand)

문법

- 삼각함수전개 [삼각함수 식]
  삼각함수전개 [삼각함수 식 , 변환된 식에서 사용할 함수]

기능

- 삼각함수식에 대하여 다른 삼각함수를 사용하여 전개한다.

예

1. 삼각함수식을 sin 과 cos 으로 전개한다.

   삼각함수전개 [tan(x + y)]

   [실행결과]

   $$\frac{\frac{\sin(x)}{\cos(x)} + \frac{\sin(y)}{\cos(y)}}{1 - \frac{\sin(x)}{\cos(x)} \cdot \frac{\sin(y)}{\cos(y)}}$$

2. 삼각함수식을 tan 로 전개한다.

   삼각함수전개 [tan(x + y) , tan(x)]

   [실행결과]

   $$\frac{\tan(x)+\tan(y)}{1-\tan(x)\ \tan(y)}$$

삼각함수정리 (TrigSimplify)

문법

- 삼각함수정리 [삼각함수 식]

기능

- 복잡한 삼각함수식을 정리한다.

예

1. 삼각함수정리 [1 - sin(x)^2]

[실행결과]
$\cos^2(x)$

삼각함수합성 (TrigCombine)

문법

- 삼각함수합성 [삼각함수 식]
  삼각함수합성 [삼각함수 식 , 변환된 식에서 사용할 함수]

기능

- 삼각함수식에 대하여 합, 차의 형태를 곱의 형태로, 곱의 형태는 합, 차의 형태로 변환한다.

예

1. 삼각함수합성 [sin(x) cos(3x)]

[실행결과]
$\frac{1}{2}\sin(4x) - \frac{1}{2}\sin(2x)$

2. 삼각함수합성[sin(x) + cos(x)]

[실행결과]
$\sqrt{2}\ \cos\left(x - \frac{1}{4}\ \pi\right)$

3. 삼각함수합성[sin(x) cos(y) + cos(x) sin(y) , sin(x)]

[실행결과]
$\sin\left(x + y\right)$

상합(UpperSum)

문법

- 상합[함수 , 처음 x값 , 마지막 x값 , n]

기능

- n등분한 구간에서 함수 f의 상합을 구한다.

예

1. 6등분한 구간 $[-2,\ 4]$에서 함수 $f(x) = x^2$의 상합을 구한다.

   상합[x^2 , -2 , 4 , 6]

   [실행결과]

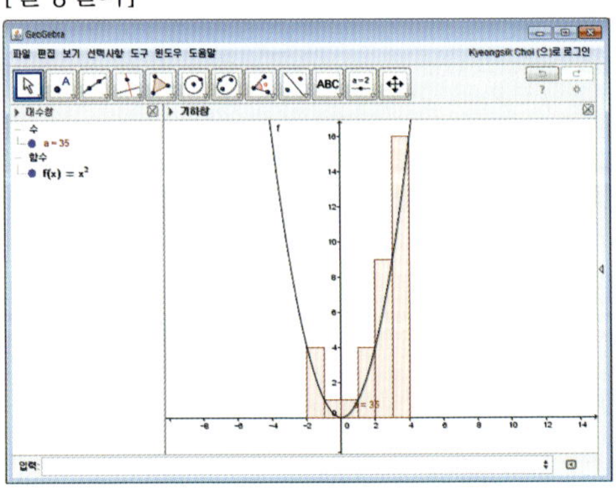

스플라인(Spline)

문법

- 스플라인[점의 리스트]
스플라인[점의 리스트 , 차수 n]

기능

- 리스트의 모든 점을 지나는 곡선을 생성한다.
- 리스트의 모든 점을 지나는 n차 다항식을 생성한다.

여러근(Roots)

문법

- 여러근[함수 , 처음 x값 , 마지막 x값]

기능

- 구간에서 방정식의 근을 모두 구한다.

예

1. 구간 $[-2,\ 1]$에서 함수의 그래프가 x축과 만나는 모든 근을 구한다.

```
여러근[ x^2 , -2 , 1 ]
```

왼쪽합(LeftSum)

문법

- 왼쪽합[함수 , 처음 x값 , 마지막 x값 , 분할수 n]

기능

- 함수 f에 대하여 구간을 n등분한 후 구간 왼쪽 경계값의 함숫값을 높이로 한 직사각형의 넓이의 합을 구한다.

예

1. $f(x) = x^2 + 1$에 대하여 구간 $[0,\ 2]$를 4등분하였을 때의 왼쪽합을 구한다.

   왼쪽합[x^2 + 1 , 0 , 2 , 4]

   [실행결과]

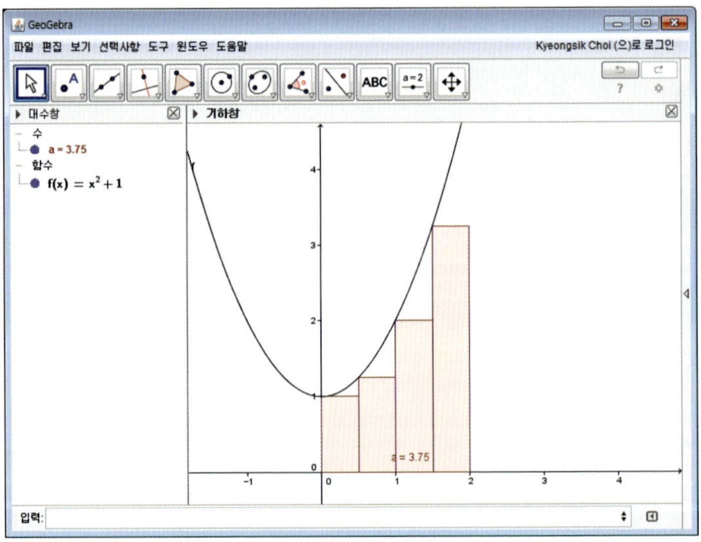

우극한(LimitAbove)

문법

- `우극한[ 함수 , 값 ]`

기능

- 주어진 값에서 함수의 우극한을 구한다.

예

1. $x = 0$에서 $f(x) = 1/x$의 우극한을 구한다.

```
우극한[ 1/x , 0 ]
```

[실행결과]
∞

음함수곡선(ImplicitCurve)

문법

- `음함수곡선[ 점의 리스트 ]`

기능

- 주어진 리스트의 점을 지나는 음함수곡선을 생성한다.

예

1. 다섯 개의 점을 지나는 음함수곡선을 생성한다.

```
음함수곡선[ { A , B , C , D , E } ]
```

음함수미분 (ImplicitDerivative)

문법

- 음함수미분 [f(x , y)]

기능

- 음함수를 미분하여 $\frac{dx}{dy}$ 를 구한다.

예

1. 음함수미분 [x^2 + y^2]

[실행결과]

$-\frac{x}{y}$

인수리스트 (Factors)

문법

- 인수리스트 [다항식]

기능

- 다항식의 인수나 수의 소인수를 지수와 함께 행렬로 나타낸다.

예

1. 다항식의 인수를 지수와 함께 행렬로 나타낸다.

   인수리스트 [x^4 - 1]

[실행결과]

$$\begin{pmatrix} x-1 & 1 \\ x+1 & 1 \\ x^2+1 & 1 \end{pmatrix}$$

2. 수의 소인수를 지수와 함께 행렬로 나타낸다.

```
인수리스트[ 36 ]
```

[실행결과]

$$\begin{pmatrix} 2 & 2 \\ 3 & 2 \end{pmatrix}$$

적분(Integral)

문법

- ```
  적분[ 함수 ]
  적분[ 함수 , 변수 ]
  적분[ 함수 , 처음 x값 , 마지막 x값 ]
  적분[ 함수 , 처음 x값 , 마지막 x값 , 계산실행 true|false ]
  ```

기능

- 함수의 부정적분이나 정적분을 구한다.

예

1. 부정적분을 구한다.[1]

```
적분[ x^3 ]
```

[실행결과]

$\frac{1}{4}\,x^4 + c_1$

[1] 입력창에서의 적분상수는 0이다.
```

2. 다변수 함수를 주어진 변수에 대해서 적분한다.

```
적분[ x^3 + 3 x y , x ]
```

[실행결과]

$\frac{1}{4}x^4 + \frac{3}{2}x^2\,y + c_1$

3. 함수 $f(x) = x^2$ 의 [3, 5] 에서의 정적분을 구한다.

```
적분[ x^2 , 3 , 5 ]
```

[실행결과]

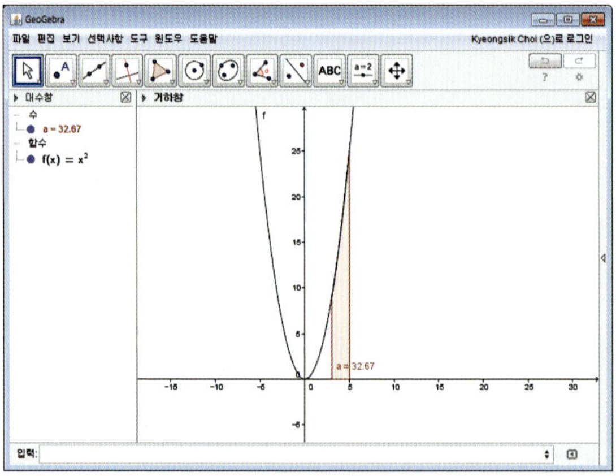

4. 함수 $f(x) = x^2$ 의 [3, 5] 에서의 정적분이 되는 부분만 표시하고 계산하지는 않는다.

```
적분[ x^2 , 3 , 5 , false ]
```

적분차(IntegralBetween)

문법

- 적분차[함수 , 함수 , 처음 x값 , 마지막 x값]
  적분차[함수 , 함수 , 처음 x값 , 마지막 x값 , 계산실행 true|false]

기능

- 구간에서 두 함수 사이에 대한 정적분을 구한다.

예

1. 두 함수 $f(x) = x^2$, $g(x) = -x^2 + 2$로 둘러싸인 부분에 대한 정적분을 구한다.[2]

```
f(x) = x^2
g(x) = -x^2 + 2
적분차[ g , f , -2 , 1 ]
```

[실행결과]

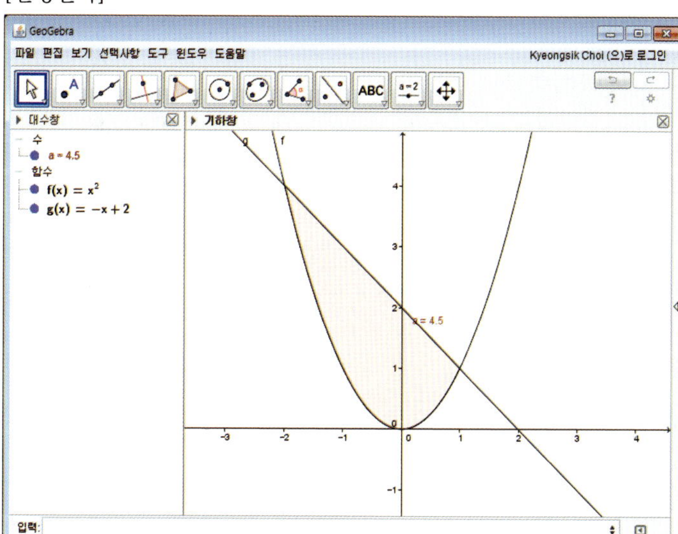

[2] f, g의 입력순서를 바꾸면 값의 부호가 바뀐다.

점근선(Asymptote)

문법

- 점근선[원뿔곡선(이차곡선)]
  점근선[함수]

기능

- 원뿔곡선(이차곡선)이나 유리함수, 음함수의 점근선을 구한다.

예

1. 유리함수 $f = \frac{1}{x-1} + 1$의 점근선에 대한 리스트를 생성한다.

   점근선[1 / (x - 1) + 1]

   [실행결과]

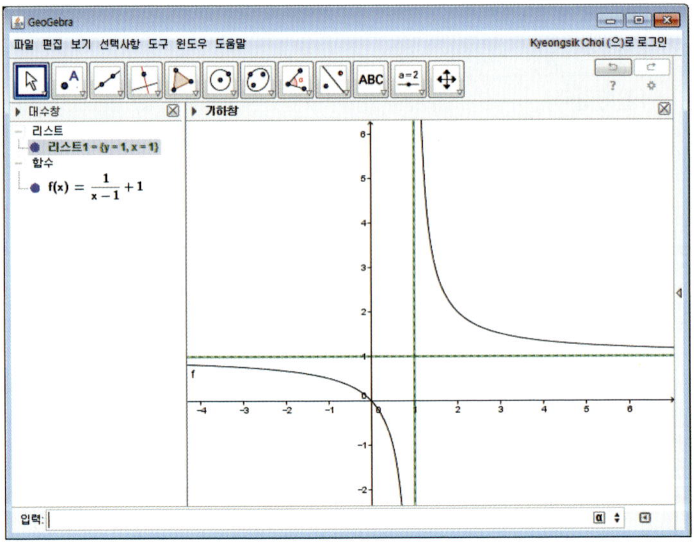

접촉원(OsculatingCircle)

문법

- 접촉원[점 , 함수]
접촉원[점 , 곡선]

기능

- 함수나 곡선 위의 점에서 접촉원을 생성한다.

예

1. $f(x) = x^2$ 위의 점 $(0, 0)$에서 접촉원을 생성한다.

```
접촉원[ ( 0 , 0 ) , x^2 ]
```

[실행결과]

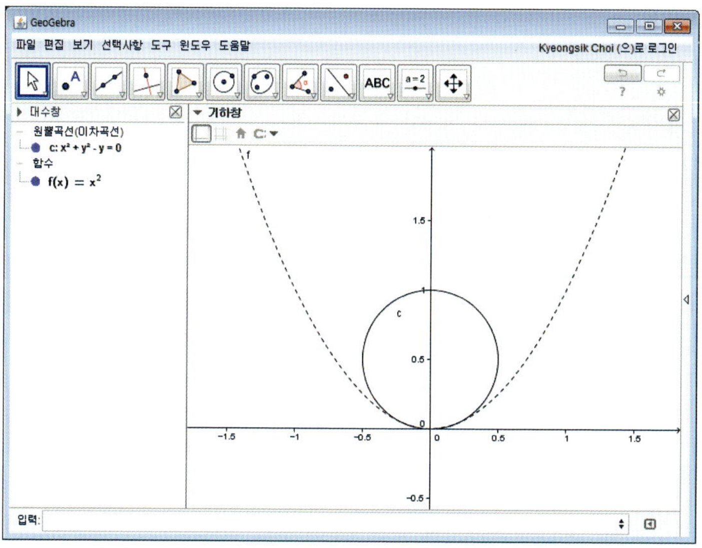

좌극한(LimitBelow)

문법

- 좌극한[함수 , 값]

기능

- 주어진 값에서 함수의 좌극한을 구한다.

예

1. $x = 0$에서 $f(x) = \frac{1}{x}$의 좌극한을 구한다.

```
좌극한[ f, 0 ]
```

[실행결과]
$-\infty$

직사각형합(RectangleSum)

문법

- 직사각형합[함수 , 처음 x값 , 마지막 x값 , 분할수 n , 사각형 위치]

기능

- 함수에서 주어진 구간을 n등분하여 직사각형의 합을 구한다.

예

1. $f(x) = x^2$에서 구간 $[-1,\ 3]$을 8등분하여 직사각형의 윗변의 $\frac{1}{2}$점을 곡선이 통과하도록 하는 직사각형의 합을 구한다.

```
직사각형합[ x^2 , -1 , 3 , 8 , 0.5 ]
```

[실행결과]

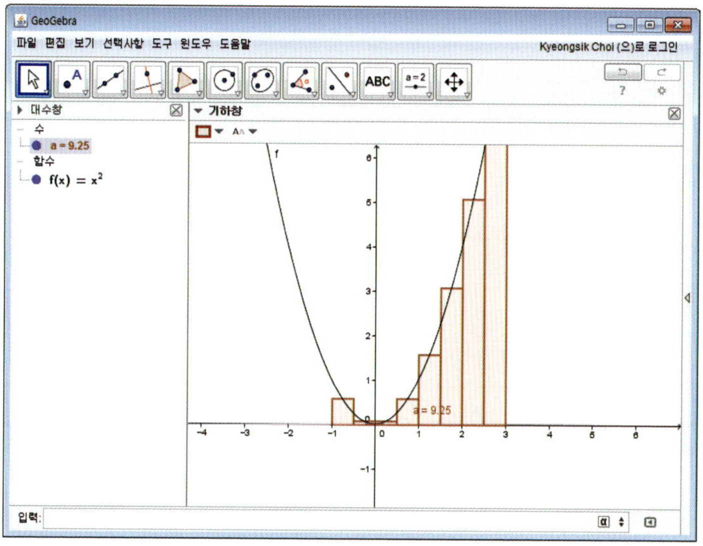

차수(Degree)

문법

- 차수[다항식]

기능

- 다항식의 차수를 구한다.

예

1. 차수[x^4 + 2 x^2]

[실행결과]
4

테일러전개(TaylorPolynomial)

문법

- 테일러전개[함수 , x값 , 차수]

기능

- 함수를 주어진 x값에서 주어진 차수만큼 테일러 급수로 전개한다.

예

1. cos(x)를 $x = 0$을 중심으로 한 3차 테일러 전개 다항식을 구한다.

   테일러전개[cos(x) , 0 , 3]

   [실행결과]

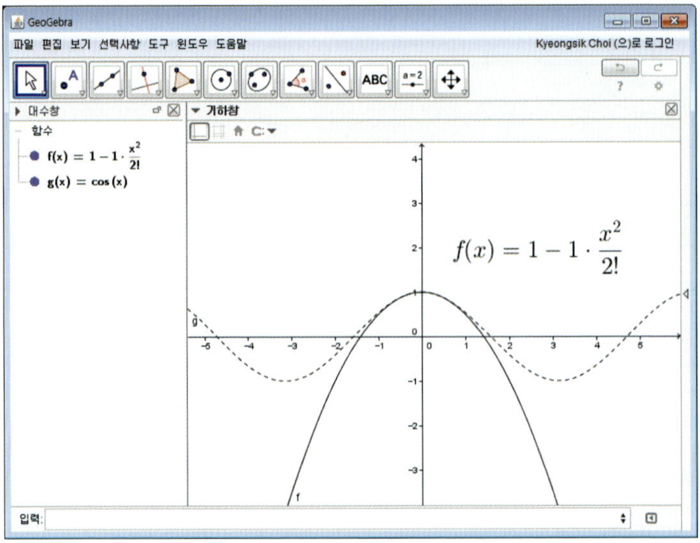

하합(LowerSum)

문법

- 하합[함수 , 처음 x값 , 마지막 x값 , n]

기능

- n 등분한 구간에서 함수 f 의 하합을 구한다.

예

1. 6등분한 구간 $[-2,\ 4]$ 에서 함수 $f = x^2$ 의 하합을 구한다.

   하합[x^2 , -2 , 4 , 6]

   [실행결과]

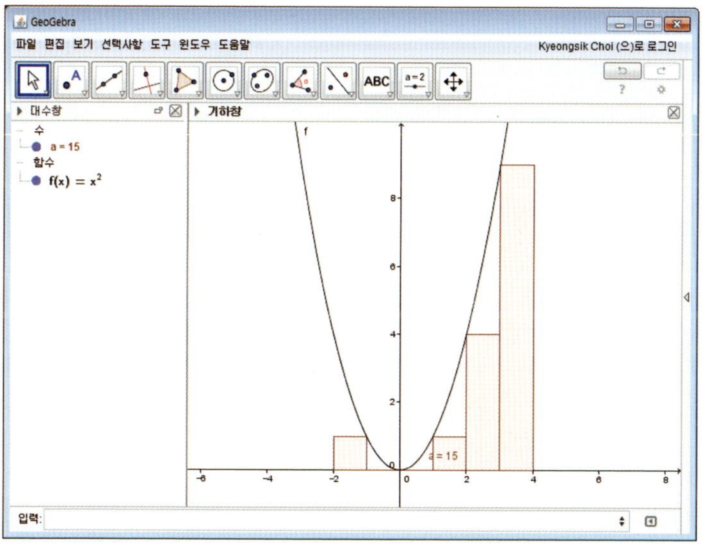

함수(Function)

문법

- 함수[수의 리스트]

기능

- 주어진 수의 리스트로 함수를 생성한다.

예

1. 2부터 4까지 같은 간격으로 함수값을 0 , 1 , 0 , 1 , 0으로 갖는 함수를 생성한다.

   함수[{ 2 , 4 , 0 , 1 , 0 , 1 , 0 }]

   [실행결과]

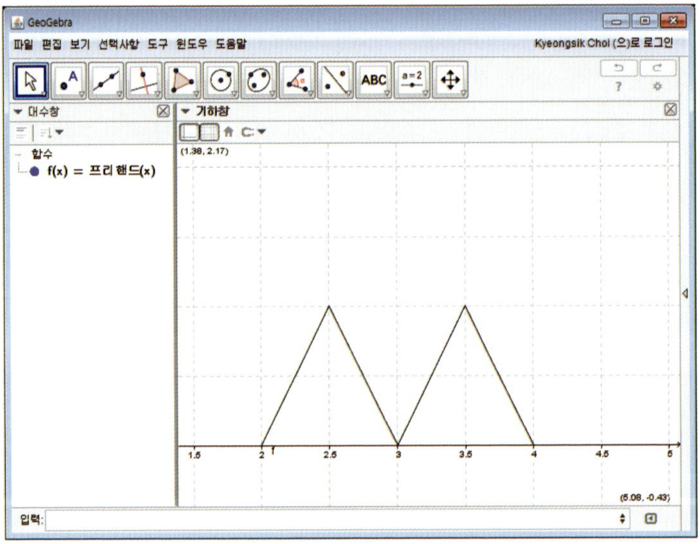

2. 0부터 2까지 정의된 함수 $f(x) = x^2$을 생성한다.

```
함수[ x^2 , 0 , 2 ]
```

[실행결과]

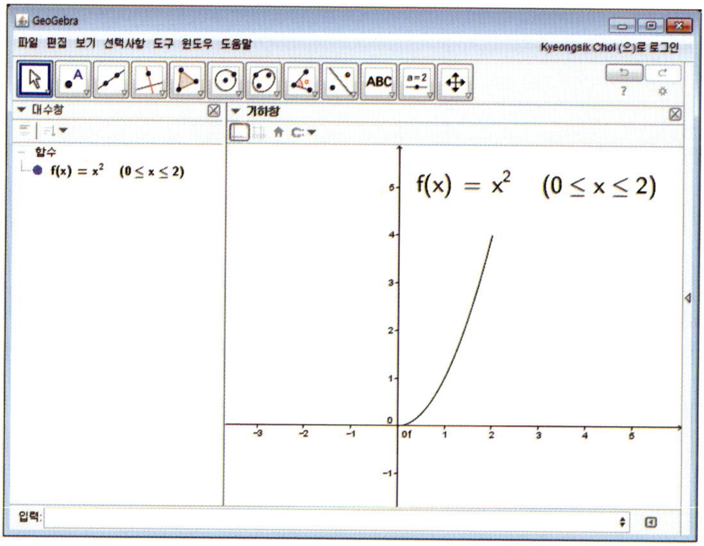

지오지브라 명령어

실행가이드북

GeoGebra

19. 확률 명령어

F분포 (FDistribution)

문법

- F분포 [자유도의 분자 차수 , 자유도의 분모 차수 , x]
  F분포 [자유도의 분자 차수 , 자유도의 분모 차수 , 변량]
  F분포 [자유도의 분자 차수 , 자유도의 분모 차수 , x , 누적 true|false]

기능

- F분포의 확률밀도함수를 생성한다.

예

1. F분포 [5 , 2 , x]
2. F분포의 누적 확률밀도함수를 생성한다.
   F분포 [5 , 2 , x , true]

T분포 (TDistribution)

문법

- T분포 [자유도 , x]
  T분포 [자유도 , 변량]
  T분포 [자유도 , x , 누적 true|false]

기능

- 주어진 자유도의 T분포 확률밀도함수를 생성한다.

예

1. 자유도 5의 T분포 확률밀도함수를 생성한다.

```
T분포[ 5 , x ]
```

2. 자유도 5의 T분포 누적확률밀도함수를 생성한다.

```
T분포[ 5 , x , true ]
```

Zipf분포(Zipf)

문법

- ```
  Zipf분포[ 원소의 개수 , 지수 ]
  Zipf분포[ 원소의 개수 , 지수 , 누적 true|false ]
  Zipf분포[ 원소의 개수 , 지수 , 변량 , 누적 true|false ]
  ```

기능

- Zipf 분포를 생성한다.

예

1. ```
   Zipf분포[ 10 , 1 ]
   ```

2. Zipf분포의 누적확률밀도함수를 생성한다.

```
Zipf[ 10 , 1 , true ]
```

감마분포(Gamma)

문법

- ```
  감마분포[ 알파 , 베타 , x ]
  감마분포[ 알파 , 베타 , 변량 ]
  감마분포[ 알파 , 베타 , x , 누적 true|false ]
  ```

기능

- 감마분포의 확률밀도함수를 생성한다.
  ```

예

1. 감마분포의 확률밀도함수를 생성한다.

```
감마분포[ 9 , 0.5 , x ]
```

2. 감마분포의 누적확률밀도함수를 생성한다.

```
감마분포[ 9 , 0.5 , x , true ]
```

균등분포(Uniform)

문법

- ```
  균등분포[ 아래쪽 경계 , 위쪽 경계 , x ]
  균등분포[ 아래쪽 경계 , 위쪽 경계 , 변량 ]
  균등분포[ 아래쪽 경계 , 위쪽 경계 , x , 누적 true|false ]
  ```

기능

- 균등분포의 확률밀도함수를 생성한다.

예

1. 균등분포의 확률밀도함수를 생성한다.

```
균등분포[ 0 , 2 ]
```

2. 균등분포의 누적확률밀도함수를 생성한다.

```
균등분포[ 0 , 2 , true ]
```
```

랜덤(RandomBetween)

문법

- 랜덤[최소 정수 , 최대 정수]
  랜덤[최소 정수 , 최대 정수 , 값 고정 true|false]

기능

- 주어진 두 정수 사이에서 임의의 정수를 하나 추출한다.

예

1. 0과 10사이에서 임의의 정수를 하나 추출한다.

   랜덤[0 , 10]

2. 0과 10사이에서 임의의 정수를 하나 추출한다.(값이 고정된다.)

   랜덤[0 , 10 , true]

랜덤균등분포(RandomUniform)

문법

- 랜덤균등분포[최솟값 , 최댓값]
  랜덤균등분포[최솟값 , 최댓값 , 표본의 수]

기능

- 균등분포에 따라 최솟값과 최댓값 사이의 임의의 실수를 추출한다.

예

1. 균등분포에 따라 0과 1사이에서 임의의 실수를 하나 추출한다.

   랜덤균등분포[0 , 1]

2. 랜덤균등분포에 따라 0과 1사이에서 임의의 실수 3개를 리스트로 만든다.

   랜덤균등분포[0 , 1 , 3]

랜덤다항식(RandomPolynomial)

문법

- 랜덤다항식[차수 , 계수의 최솟값 , 계수의 최댓값]

기능

- 주어진 차수와 계수를 가지는 임의의 다항식을 생성한다.

예

1. 계수의 최솟값이 1이고 최댓값이 2인 임의의 2차 다항식을 생성한다.

   랜덤다항식[2 , 1 , 2]

랜덤이항분포(RandomBinomial)

문법

- 랜덤이항분포[시행횟수 , 확률]

기능

- 1 번의 시행에서 p의 확률로 일어나는 사건을 n번 시행했을 때의 이항분포에 대하여 0에서 n까지의 정수를 임의로 추출한다.

예

1. 1번의 시행에서 0.1의 확률로 일어나는 사건을 3 번 시행했을 때의 이항분포에 대하여 0에서 3까지의 정수를 임의로 추출한다.

   랜덤이항분포[3 , 0.1]

랜덤정규분포(RandomNormal)

문법

- 랜덤정규분포[평균 , 표준편차]

기능

- 주어진 평균과 표준편차를 갖는 정규분포에서 임의의 수를 추출한다.

예

1. 평균이 3이고 표준편차가 0.1인 정규분포에서 임의의 수를 추출한다.

   랜덤정규분포[3 , 0.1]

랜덤포아송분포(RandomPoisson)

문법

- 랜덤포아송분포[평균]

기능

- 주어진 평균의 포아송분포에서 임의의 수를 추출한다.

예

1. 평균이 3인 포아송분포에서 임의의 수를 추출한다.

   랜덤포아송분포[3]

로그정규분포(LogNormal)

문법

- 로그정규분포[평균 , 표준편차 , x]
  로그정규분포[평균 , 표준편차 , 변량]
  로그정규분포[평균 , 표준편차 , x , 누적 true|false]

기능

- 평균과 표준편차가 주어진 로그정규분포의 확률밀도함수를 생성한다.

예

1. 평균이 0이고 표준편차가 1인 로그정규분포의 확률밀도함수를 생성한다.

로그정규분포 [0 , 1 , x]

2. 평균이 0이고 표준편차가 1인 로그정규분포의 누적확률밀도함수를 생성한다.

로그정규분포 [0 , 1 , x , true]

로지스틱분포 (Logistic)

문법

- 로지스틱분포 [평균 , Scale , x]
로지스틱분포 [평균 , Scale , 변량]
로지스틱분포 [평균 , Scale , x , 누적 true|false]

기능

- 로지스틱분포의 확률밀도함수를 생성한다.

예

1. 로지스틱분포의 확률밀도함수를 생성한다.

로지스틱분포 [2 , 1 , x]

2. 로지스틱분포의 누적확률밀도함수를 생성한다.

로지스틱분포 [2 , 1 , x , true]

베르누이분포(Bernoulli)

문법

- 베르누이분포[확률 , 누적 true|false]

기능

- 성공확률이 p인 베르누이 분포의 확률밀도함수를 생성한다.

예

1. 성공확률이 0.2인 베르누이 분포의 확률밀도함수를 생성한다.

   베르누이분포[0.2 , false]

2. 성공확률이 0.2인 베르누이 분포의 누적확률밀도함수를 생성한다.

   베르누이분포[0.2 , true]

삼각분포(Triangular)

문법

- 삼각분포[아래쪽 경계 , 위쪽 경계 , 최빈값 , x]
  삼각분포[아래쪽 경계 , 위쪽 경계 , 최빈값 , 변량]
  삼각분포[아래쪽 경계 , 위쪽 경계 , 최빈값 , x , 누적 true|false]

기능

- 삼각분포의 확률밀도함수를 생성한다.

예

1. 삼각분포의 확률밀도함수를 생성한다.

   삼각분포[1 , 4 , 3 , x]

2. 삼각분포의 누적확률밀도함수를 생성한다.

   삼각분포[1 , 4 , 3 , x , true]

순열(nPr)

문법

- 순열[수 n , 수 r]

기능

- 서로 다른 n개의 대상 중에서 r개를 뽑아 순서대로 늘어놓는 순열을 구한다.

예

1. $_5P_4 = 120$을 구한다.

   순열[5 , 4]

어랑분포(Erlang)

문법

- 어랑분포[shape , 비율 , x]
  어랑분포[shape , 비율 , 변량]
  어랑분포[shape , 비율 , x , 누적 true|false]

기능

- 어랑분포의 확률밀도함수를 생성한다.

예

1. 어랑분포의 확률밀도함수를 생성한다.

   어랑분포[2 , 2 , x]

2. 어랑분포의 누적확률밀도함수를 생성한다.

   어랑분포[2 , 2 , x , true]

역F분포(InverseFDistribution)

문법

- 역F분포[분자 자유도 , 분모 자유도 , 확률]

기능

- 주어진 확률에 대한 F분포의 누적확률밀도함수의 역함수를 구한다.

예

1. 확률 0.3에 대한 F분포의 누적확률밀도함수의 역함수를 구한다.

   역F분포[5 , 2 , 0.3]

역T분포(InverseTDistribution)

문법

- 역T분포[자유도 , 확률]

기능

- 주어진 확률에 대한 T분포의 누적확률밀도함수의 역함수를 구한다.

예

1. 확률 0.8에 대한 T분포의 누적확률밀도함수의 역함수를 구한다.

   역T분포[5 , 0.8]

역Zipf분포(InverseZipf)

문법

- 역Zipf분포[원소의 수 , 지수 , 확률]

기능

- 주어진 확률에 대한 Zipf분포의 누적확률밀도함수의 역함수를 구한다.

예

1. 확률 0.5에 대한 Zipf분포의 누적확률밀도함수의 역함수를 구한다.

   역Zipf분포[10 , 1 , 0.5]

역감마분포(InverseGamma)

문법

- 역감마분포[알파 , 베타 , 확률]

기능

- 주어진 확률에 대한 감마분포의 누적확률밀도함수의 역함수를 구한다.

예

1. 확률 0.5에 대한 감마분포의 누적확률밀도함수의 역함수를 구한다.

   역감마분포[9 , 0.5 , 0.5]

역로그정규분포(InverseLogNormal)

문법

- 역로그정규분포[평균 , 표준편차 , 확률]

기능

- 주어진 확률에 대한 로그정규분포의 누적확률밀도함수의 역함수를 구한다.

예

1. 확률 0.6에 대한 로그정규분포의 누적확률밀도함수의 역함수를 구한다.

   역로그정규분포[0 , 1 , 0.6]

역로지스틱분포(InverseLogistic)

문법

- 역로지스틱분포[평균 , 단위 , 확률]

기능

- 주어진 확률에 대한 로지스틱분포의 누적확률밀도함수의 역함수를 구한다.

예

1. 확률 0.5에 대한 로지스틱분포의 누적확률밀도함수의 역함수를 구한다.

   역로지스틱분포[2 , 1 , 0.5]

역베르누이분포(InverseBinomial)

문법

- 역베르누이분포[성공횟수 , 성공확률 , 확률]

기능

- 주어진 확률에 대한 베르누이분포의 누적확률밀도함수의 역함수를 구한다.

예

1. 확률 0.5에 대한 베르누이분포의 누적확률밀도함수의 역함수를 구한다.

역베르누이분포 [30 , 1/6 , 0.5]

역와이블분포 (InverseWeibull)

문법

역와이블분포 [Shape , 계급폭 , 확률]

기능

- 주어진 확률에 대하여 와이블분포의 누적확률밀도함수의 역함수를 구한다.

예

1. 확률 0.7에 대하여 와이블분포의 누적확률밀도함수의 역함수를 구한다.

역와이블분포 [0.5 , 1 , 0.7]

역정규분포 (InverseNormal)

문법

역정규분포 [평균 , 표준편차 , 확률]

기능

- 주어진 확률에 대한 정규분포의 누적확률밀도함수의 역함수를 구한다.

예

1. 확률 0.4에 대한 정규분포의 누적확률밀도함수의 역함수를 구한다.

역정규분포 [4 , 2 , 0.4]

역지수분포(InverseExponential)

문법

- 역지수분포[람다 , 확률]

기능

- 주어진 확률에 대한 지수분포의 누적확률밀도함수의 역함수를 구한다.

예

1. 확률 0.8에 대한 지수분포의 누적확률밀도함수의 역함수를 구한다.

   역지수분포[2 , 0.8]

역초기하분포(InverseHyperGeometric)

문법

- 역초기하분포[모집단 크기 , 성공 횟수 , 표본의 크기 , 확률]

기능

- 주어진 확률에 대한 초기하분포의 누적확률밀도함수의 역함수를 구한다.

예

1. 확률 0.6에 대한 초기하분포의 누적확률밀도함수의 역함수를 구한다.

   역초기하분포[10 , 5 , 4 , 0.6]

역카이제곱분포(InverseChiSquared)

문법

- 역카이제곱분포[자유도 , 확률]

기능

- 주어진 확률에 대한 카이제곱분포의 누적확률밀도함수의 역함수를 구한다.

예

1. 확률 0.6에 대한 카이제곱분포의 누적확률밀도함수의 역함수를 구한다.

```
역카이제곱분포[ 4 , 0.6 ]
```

역코시분포 (InverseCauchy)

문법

- `역코시분포[ 중앙값 , 계급폭 , 확률 ]`

기능

- 주어진 확률에 대한 코시분포의 누적확률밀도함수의 역함수를 구한다.

예

1. 확률 0.6에 대한 코시분포의 누적확률밀도함수의 역함수를 구한다.

```
역코시분포[ 1 , 2 , 0.6 ]
```

역파스칼분포 (InversePascal)

문법

- `역파스칼분포[ 성공횟수 , 성공확률 , 확률 ]`

기능

- 주어진 확률에 대한 파스칼분포의 누적확률밀도함수의 역함수를 구한다.

예

1. 확률 0.6에 대한 파스칼분포의 누적확률밀도함수의 역함수를 구한다.

```
역파스칼분포[ 5 , 0.25 , 0.6 ]
```

역포아송분포(InversePoisson)

문법

- 역포아송분포[평균 , 확률]

기능

- 주어진 확률에 대한 포아송분포의 누적확률밀도함수의 역함수를 구한다.

예

1. 확률 0.6에 대한 포아송분포의 누적확률밀도함수의 역함수를 구한다.

   역포아송분포[3 , 0.6]

와이블분포(Weibull)

문법

- 와이블분포[Shape , 계급폭 , x]
  와이블분포[Shape , 계급폭 , 변량]
  와이블분포[Shape , 계급폭 , x , 누적 true|false]

기능

- 와이블분포의 확률밀도함수를 생성한다.

예

1. 와이블분포의 확률밀도함수를 생성한다.

   와이블분포[5 , 1 , x]

2. 와이블분포의 누적확률밀도함수를 생성한다.

   와이블분포[0.5 , 1 , x , true]

이항분포(BinomialDist)

문법

- 이항분포[시행횟수 , 성공확률]
  이항분포[시행횟수 , 성공확률 , 변량 , 누적 true|false]
  이항분포[시행횟수 , 성공확률 , 누적 true|false]

기능

- 이항분포의 확률밀도함수를 생성한다.

예

1. 이항분포의 확률밀도함수를 생성한다.

   이항분포[30 , 1/6]

2. 이항분포의 누적확률밀도함수를 생성한다.

   이항분포[30 , 1/6 , true]

정규분포(Normal)

문법

- 정규분포[평균 , 표준편차 , x]
  정규분포[평균 , 표준편차 , 변량]
  정규분포[평균 , 표준편차 , x , 누적 true|false]

기능

- 정규분포의 확률밀도함수를 생성한다.

예

1. 정규분포의 확률밀도함수를 생성한다.

   정규분포[4 , 2 , x]

2. 정규분포의 누적확률밀도함수를 생성한다.

```
정규분포[ 4 , 2 , x , true ]
```

조합(BinomialCoefficient)

문법

- `조합[ 수 n , 수 r ]`

기능

- 서로 다른 n개의 대상 가운데 r개를 뽑는 조합의 수를 구한다.

예

1. ${}_5C_3 = 10$을 구한다.

```
조합[ 5 , 3 ]
```

지수분포(Exponential)

문법

-
```
지수분포[ 람다 , x ]
지수분포[ 람다 , 변량 ]
지수분포[ 람다 , x , 누적 true|false ]
```

기능

- 지수분포의 확률밀도함수를 생성한다.

예

1. 지수분포의 확률밀도함수를 생성한다.

```
지수분포[ 2 , x ]
```

2. 지수분포의 누적확률밀도함수를 생성한다.

```
지수분포[ 2 , x , true ]
```

초기하분포(HyperGeometric)

문법

- 초기하분포[모집단 크기 , 성공횟수 , 표본 크기]
  초기하분포[모집단 크기 , 성공횟수 , 표본 크기 , 변량 , 누적 **true|false**]
  초기하분포[모집단 크기 , 성공횟수 , 표본 크기 , 누적 **true|false**]

기능

- 초기하분포의 확률밀도함수를 생성한다.

예

1. 초기하분포의 확률밀도함수를 생성한다.

   초기하분포[10 , 5 , 4]

2. 초기하분포의 누적확률밀도함수를 생성한다.

   초기하분포[10 , 5 , 4 , true]

카이제곱분포(ChiSquared)

문법

- 카이제곱분포[자유도 , x]
  카이제곱분포[자유도 , 변량]
  카이제곱분포[자유도 , x , 누적 **true|false**]

기능

- 카이제곱분포의 확률밀도함수를 생성한다.

예

1. 카이제곱분포의 확률밀도함수를 생성한다.

   카이제곱분포[4 , x]

2. 카이제곱분포의 누적확률밀도함수를 생성한다.

카이제곱분포[4 , x , true]

코시분포(Cauchy)

문법

코시분포[중앙값 , 계급폭 , x] 코시분포[중앙값 , 계급폭 , 변량] 코시분포[중앙값 , 계급폭 , x , 누적 true|false]

기능

- 코시분포의 확률밀도함수를 생성한다.

예

1. 코시분포의 확률밀도함수를 생성한다.

코시분포[1 , 2 , x]

2. 코시분포의 누적확률밀도함수를 생성한다.

코시분포[1 , 2 , x , true]

파스칼분포(Pascal)

문법

파스칼분포[성공횟수 , 성공확률] 파스칼분포[성공횟수 , 성공확률 , 변량 , 누적 true|false] 파스칼분포[성공횟수 , 성공확률 , 누적 true|false]

기능

- 파스칼분포의 확률밀도함수를 생성한다.

예

1. 파스칼분포의 확률밀도함수를 생성한다.

   ```
   파스칼분포[ 5 , 0.25 ]
   ```

2. 파스칼분포의 누적확률밀도함수를 생성한다.

   ```
   파스칼분포[ 5 , 0.25 , true ]
   ```

포아송분포(Poisson)

문법

- ```
  포아송분포[ 평균 ]
  포아송분포[ 평균 , 변량 , 누적 true|false ]
  포아송분포[ 평균 , 누적 true|false ]
  ```

기능

- 포아송분포의 확률밀도함수를 생성한다.

예

1. 포아송분포의 확률밀도함수를 생성한다.

   ```
   포아송분포[ 3 ]
   ```

2. 포아송분포의 누적확률밀도함수를 생성한다.

   ```
   포아송분포[ 3 , true ]
   ```
   ```

지오지브라 명령어

실행가이드북

GeoGebra

20. CAS 전용 명령어

대분수화(MixedNumber)

CAS 전용 문법

- 대분수화[수]

기능

- 주어진 수를 대분수로 표시한다.

예

1. 대분수화[3.5]

[실행결과]

$3 + \frac{1}{2}$

2. 대분수화[12 / 3]

[실행결과]

4

3. 대분수화[12 / 14]

[실행결과]

$\frac{6}{7}$

라플라스(Laplace)

CAS 전용 문법

- 라플라스[함수]
  라플라스[함수 , 변수]

기능

- 함수의 라플라스 변환을 구한다.

예

1. 라플라스[sin(t)]

[실행결과]
$\frac{1}{t^2+1}$

2. 라플라스[sin(a*t) , t]

[실행결과]
$\frac{a}{a^2+t^2}$

3. 라플라스[sin(a*t) , a]

[실행결과]
$\frac{t}{a^2+t^2}$

복소무리수인수분해(CIFactor)

CAS 전용 문법

- 복소무리수인수분해[식]
  복소무리수인수분해[식 , 변수]

기능

- 복소 무리수에 대한 인수분해를 구한다.

예

1. 복소무리수인수분해[x^2 + x + 1]

[실행결과]
$\left(x+\frac{-i\sqrt{3}+1}{2}\right)\left(x+\frac{i\sqrt{3}+1}{2}\right)$

2. 복소무리수인수분해[a^2 + a + 1 , a]

[실행결과]
$\left(a+\frac{-i\sqrt{3}+1}{2}\right)\left(a+\frac{i\sqrt{3}+1}{2}\right)$

사전정렬그뢰브너기저(GroebnerLex)

CAS 전용 문법

- 사전정렬그뢰브너기저[다항식의 리스트]
  사전정렬그뢰브너기저[다항식의 리스트 , 변수의 리스트]

기능

- 변수의 사전정렬 순서에 따라 다항식의 리스트에 대한 그뢰브너 기저를 계산한다.

예

1. 사전정렬그뢰브너기저[{ x^3 - y - 2 , x^2 + y + 1 }]

[실행결과]
$\{y^3 + 4\,y^2 + 7\,y + 5, x - y^2 - 3\,y - 3\}$

2. 사전정렬그뢰브너기저[{ x^3 - y - 2 , x^ 2 + y + 1 } , { y , x }]

[실행결과]
$\{-x^3 - x^2 + 1, -y - x^2 - 1\}$

사전차수정렬그뢰브너기저(GroebnerLexDeg)

CAS 전용 문법

- 사전차수정렬그뢰브너기저[다항식의 리스트]
  사전차수정렬그뢰브너기저[다항식의 리스트 , 변수의 리스트]

기능

- 변수의 등급이 매겨진 사전정렬 순서에 따라 다항식의 리스트에 대한 그뢰브너 기저를 계산한다.

예

1. 사전차수정렬그뢰브너기저[{ x^3 - y - 2 , x^2 + y + 1 }]

[실행결과]
$\{y^2 - x + 3\,y + 3, -x\,y - x - y - 2, x^2 + y + 1\}$

2. 사전차수정렬그뢰브너기저[{ x^3 - y -2, x^2 + y + 1 } , { y , x }]

[실행결과]
$\{x^2 + y + 1, -y\,x - y - x - 2, -y^2 - 3\,y + x - 3\}$

삼차식풀기(SolveCubic)

CAS 전용 문법

- 삼차식풀기[3차 방정식]

기능

- 3차 방정식을 풀어 해를 구한다.

예

1. 삼차식풀기[x^3 - 1]

[실행결과]
$\left\{1, -\frac{1}{2} + i\,\frac{\sqrt{3}}{2}, -\frac{1}{2} - i\,\frac{\sqrt{3}}{2}\right\}$

소거(Eliminate)

CAS 전용 문법

- 소거[방정식의 리스트 , 변수의 리스트]

기능

- 주어진 연립방정식에 대하여 변수의 리스트에 주어진 변수를 소거한다.

예

1. 소거[x^2 + x , y^2 - x , x]

[실행결과]
$\{y^4 + y^2\}$

수치해석 (Numeric)

CAS 전용 문법

- 수치해석 [식]
수치해석 [식 , 유효숫자]

기능

- 주어진 식에 대한 수치해석적 근사를 구한다.

예

1. 수치해석 [sin(1) , 20]

[실행결과]
0.84147098480789650665

수치해석적분 (NIntegral)

CAS 전용 문법

- 수치해석적분 [함수 , 시작 x값 , 끝 x값]
수치해석적분 [함수 , 변수 , 시작값 , 끝값]

기능

- 시작 x값이 a, 끝 x값이 b라고 할 때 $\int_a^b f(x)dx$를 수치해석적으로 구한다.
- 변수가 t라고 하면 $\int_a^b f(t)dt$를 수치해석적으로 구한다.

예

1. 수치해석적분 [exp(-x^2) , 0 , 1]

[실행결과]
0.746824132812427

2. 수치해석적분[exp(-a^2) , a , 0 , 1]

[실행결과]
0.746824132812427

수치해석풀기(NSolve)

CAS 전용 문법

- 수치해석풀기[방정식]
  수치해석풀기[방정식 , 변수]
  수치해석풀기[방정식 , 변수 = 시작값]
  수치해석풀기[방정식의 리스트 , 변수의 리스트]

기능

- 방정식의 해를 수치해석적으로 구한다. 다항식이 아닌 경우에는 초기값을 입력해야 한다.

예

1. 수치해석풀기[x^6 - 2 x + 1 = 0]

[실행결과]
$\{x = 0.51, x = 1\}$

2. 수치해석풀기[a^4 + 34a^3 = 34, a]

[실행결과]
$\{a = -34, a = 0.99\}$

3. 수치해석풀기 [cos(x) = x , x = 0]

[실행결과]
$\{x = 0.74\}$

4. 수치해석풀기 [a^4 + 34 a^3 = 34 , a = 3]

[실행결과]
$\{a = 0.99\}$

5. 수치해석풀기 [{ pi / x = cos(x - 2y) , 2 y - pi = sin(x) } , { x = 3 , y = 1.5 }]

[실행결과]
$\{x = 3.14, y = 1.57\}$

수치해석해(NSolutions)

CAS 전용 문법

- 수치해석해 [방정식]
  수치해석해 [방정식 , 변수]
  수치해석해 [방정식 , 변수 = 시작값]
  수치해석해 [방정식의 리스트 , 변수의 리스트]

기능

- 방정식의 해를 수치해석적으로 구한다. 다항식이 아닌 경우에는 초기값을 입력해야 한다.

예

1. `수치해석해[ x^6 - 2 x + 1 = 0 ]`

[실행결과]
{0.51, 1}

2. `수치해석해[ a^4 + 34a^3 = 34, a ]`

[실행결과]
{−34, 0.99}

3. `수치해석해[ cos(x) = x , x = 0 ]`

[실행결과]
{0.74}

4. `수치해석해[ a^4 + 34 a^3 = 34 , a = 3 ]`

[실행결과]
{0.99}

5. `수치해석해[ { pi / x = cos( x - 2y ) , 2 y - pi = sin(x) } , { x = 3 , y = 1.5 } ]`

[실행결과]
{3.14, 1.57}

역라플라스(InverseLaplace)

CAS 전용 문법

- 역라플라스[함수]
  역라플라스[함수 , 변수]

기능

- 라플라스 변환의 역을 구한다.

예

1. 역라플라스[1 / (1 + t^2)]

[실행결과]
$\sin(t)$

2. 역라플라스[exp(- a* b) , a]

[실행결과]
Dirac (a − b)

3. 역라플라스[exp(- a*b) , b]

[실행결과]
Dirac (b − a)

외적(Cross)

CAS 전용 문법

- 외적[벡터 , 벡터]

기능

- 두 벡터의 외적을 구한다.

차수사전역순정렬그뢰브너기저(GroebnerDegRevLex)

CAS 전용 문법

- 차수사전역순정렬그뢰브너기저[다항식의 리스트]
  차수사전역순정렬그뢰브너기저[다항식의 리스트 , 변수의 리스트]

기능

- 변수의 사전 역순 정렬 순서에 따라 다항식의 리스트에 대한 그뢰브너 기저를 계산한다.

예

1. 차수사전역순정렬그뢰브너기저[{ x^3 - y - 2 , x^2 + y + 1 }]

[실행결과]
$\{y^2 - x + 3\,y + 3, x\,y + x + y + 2, x^2 + y + 1\}$

2. 차수사전역순정렬그뢰브너기저[{ x^3 - y - 2 , x^ 2 + y + 1 } , { y , x }]

[실행결과]
$\{x^2 + y + 1, y\,x + y + x + 2, y^2 + 3\,y - x + 3\}$

21. 부록

특수문자 입력키와 기능단축키

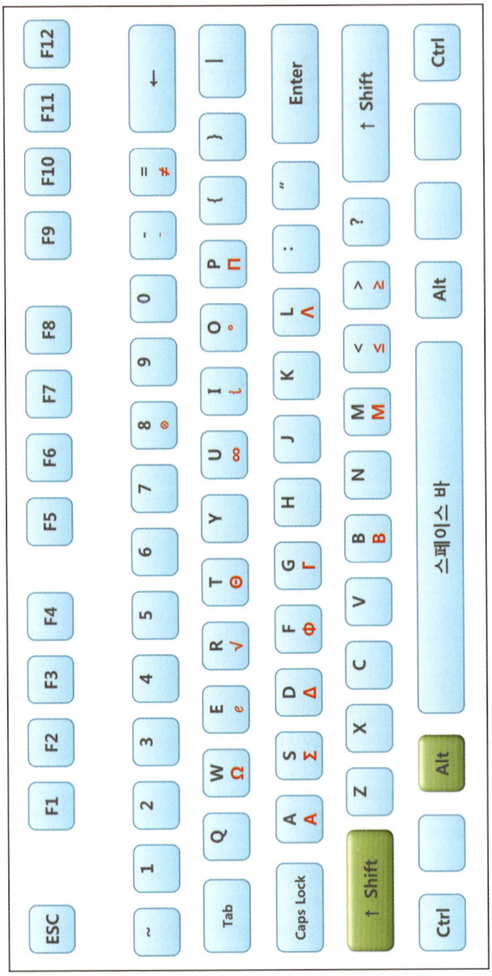
ESC F1 F2 F3 F4 F5 F6 F7 F8 F9 F10 F11 F12
~ 1 2 3 4 5 6 7 8 9 0 - = ←
Tab Q W E R T Y U I O P { } |
Caps Lock A S D F G H J K L : " Enter
↑ Shift Z X C V B N M < > ? ↑ Shift
Ctrl Alt 스페이스 바 Alt Ctrl
Ω Σ Δ Φ Γ Θ Λ Π ∞ √ ≠ ≤ ≥ ⊗

키	문자	키	문자	키	문자
Alt + 0	0	Alt + A	α	Alt + P	π
Alt + 1	1	Alt + B	β	Alt + R	√
Alt + 2	2	Alt + D	δ	Alt + S	σ
Alt + 3	3	Alt + E	e	Alt + T	θ
Alt + 4	4	Alt + F	ψ	Alt + U	∞
Alt + 5	5	Alt + G	γ	Alt + W	ω
Alt + 6	6	Alt + I	i	Alt + <	≤
Alt + 7	7	Alt + L	λ	Alt + >	≥
Alt + 8	8	Alt + M	μ	Alt + -	–
Alt + 9	9	Alt + O	∘		
Shift + Alt + 8	⊗	Shift + Alt + A	A	Shift + Alt + P	Π
		Shift + Alt + B	B	Shift + Alt + R	√
		Shift + Alt + D	Δ	Shift + Alt + S	Σ
		Shift + Alt + E	e	Shift + Alt + T	Θ
		Shift + Alt + F	Ψ	Shift + Alt + U	∞
		Shift + Alt + G	Γ	Shift + Alt + W	Ω
		Shift + Alt + I	i	Shift + Alt + <	≤
		Shift + Alt + L	Λ	Shift + Alt + >	≥
		Shift + Alt + M	M	Shift + Alt + -	–
		Shift + Alt + O	∘	Shift + Alt + =	≠

단축키	기능
ESC	이동모드
Alt + ↵	입력창 포커스
Ctrl + C	복사
Ctrl + E	설정사항(기하창)
Ctrl + F	새로고침
Ctrl + N	새 윈도우
Ctrl + O	열기
Ctrl + P	인쇄 미리보기
Ctrl + R	모든대상 재계산
Ctrl + S	저장하기
Ctrl + V	붙이기
Ctrl + Z	되돌리기
Ctrl + Shift + 1	기하창
Ctrl + Shift + 2	기하창2
Ctrl + Shift + A	대수창
Ctrl + Shift + C	기하창을 클립보드로 복사
Ctrl + Shift + K	CAS
Ctrl + Shift + L	구성단계
Ctrl + Shift + P	기하창을 그림으로 저장(png, eps)
Ctrl + Shift + S	스프레드시트 창
Ctrl + Shift + W	상호작용적인 워크시트를 웹페이지로 저장(html)
Ctrl + Shift + T	기하창을 PSTricks로 저장

색상 코드

AQUA (#BCD4E6)	DARKSEAGREEN (#8BB381)	MEDIUMSEAGREEN (#306754)
BLACK (#000000)	DARKSLATEBLUE (#2B3856)	MEDIUMSLATEBLUE (#5E5A80)
BLUE (#0000FF)	DARKSLATEGRAY (#253856)	MEDIUMSPRINGGREEN (#348017)
FUCHSIA (#FF00FF)	DARKTURQUOISE (#3B9C9C)	MEDIUMTURQUOISE (#48CCCD)
GRAY (#808080)	DARKVIOLET (#842DCE)	MEDIUMVIOLETRED (#CA226B)
GREEN (#008000)	DEEPPINK (#F52887)	MIDNIGHTBLUE (#151B54)
LIME (#00FF00)	DEEPSKYBLUE (#3BB9FF)	MINTCREAM (#F5FFF9)
MAROON (#800000)	DIMGRAY (#463E41)	MISTYROSE (#FDE1DD)
NAVY (#000080)	DODGERBLUE (#1589FF)	MOCCASIN (#FDE0AC)
OLIVE (#808000)	FIREBRICK (#800517)	NAVAJOWHITE (#FDDAA3)
PURPLE (#800080)	FLORALWHITE (#FFF9EE)	OLDLACE (#FCF3E2)
RED (#FF0000)	FORESTGREEN (#4E9258)	OLIVEDRAB (#658017)
SILVER (#C0C0C0)	GAINSBORO (#D8D9D7)	ORANGE (#F87A17)
TEAL (#008080)	GHOSTWHITE (#F7F7FF)	ORANGERED (#F63817)
WHITE (#FFFFFF)	GOLD (#D4A017)	ORCHID (#E57DED)
YELLOW (#FFFF00)	GOLDENROD (#EDDA74)	PALEGOLDENROD (#EDE49E)
ALICEBLUE (#EFF7FF)	GREENYELLOW (#B1FB17)	PALETURQUOISE (#AEEBEC)
ANTIQUEWHITE (#F9E8D2)	HONEYDEW (#F0FEEE)	PALEVIOLETRED (#D16587)
AQUAMARINE (#43B7BA)	INDIANRED (#5E2217)	PAPAYAWHIP (#FEECCF)
AZURE (#EFFFFF)	INDIGO (#307D7E)	PEACHPUFF (#FCD5B0)
BEIGE (#F5F3D7)	IVORY (#FFFFEE)	PERU (#C57726)
BISQUE (#FDE0BC)	KHAKI (#ADA96E)	PINK (#FAAFBE)
BLANCHEDALMOND (#FEE8C6)	LAVENDER (#E3E4FA)	PLUM (#B93B8F)
BLUEVIOLET (#7931DF)	LAVENDERBLUSH (#FDEEF4)	POWDERBLUE (#ADDCE3)
BROWN (#980516)	LAWNGREEN (#87F717)	ROSYBROWN (#B38481)
BURLYWOOD (#EABE83)	LEMONCHIFFON (#FFF8C6)	ROYALBLUE (#2B60DE)
CADETBLUE (#578693)	LIGHTBLUE (#ADDFFF)	SADDLEBROWN (#F63526)
CHARTREUSE (#8AFB17)	LIGHTCORAL (#E77471)	SALMON (#F88158)
CHOCOLATE (#C85A17)	LIGHTCYAN (#E0FFFF)	SANDYBROWN (#EE9A4D)

CORAL (#F76541)	LIGHTGOLDENRODYELLOW (#FAF8CC)	SEAGREEN (#4E8975)
CORNFLOWERBLUE (#151B8D)	LIGHTGREEN (#CCFFCC)	SEASHELL (#FEF3EB)
CORNSILK (#FFF7D7)	LIGHTGRAY (#A8A8A8)	SIENNA (#8A4117)
CRIMSON (#E41B17)	LIGHTPINK (#FAAFBA)	SKYBLUE (#6698FF)
CYAN (#00FFFF)	LIGHTSALMON (#F9966B)	SLATEBLUE (#737CA1)
DARKBLUE (#1C39BB)	LIGHTSEAGREEN (#3EA99F)	SLATEGRAY (#657383)
DARKCYAN (#57FEFF)	LIGHTSKYBLUE (#82CAFA)	SNOW (#FFF9FA)
DARKGOLDENROD (#AF7817)	LIGHTSLATEGRAY (#6D7B8D)	SPRINGGREEN (#4AA02C)
DARKGRAY (#7A7777)	LIGHTSTEELBLUE (#728FCE)	STEELBLUE (#4863A0)
DARKGREEN (#254117)	LIGHTYELLOW (#FFFEDC)	TAN (#D8AF79)
DARKKHAKI (#B7AD59)	LIMEGREEN (#41A317)	THISTLE (#D2B9D3)
DARKMAGENTA (#F43EFF)	LINEN (#F9EEE2)	TOMATO (#F75431)
DARKOLIVEGREEN (#CCFB5D)	MAGENTA (#FF00FF)	TURQUOISE (#43C6DB)
DARKORANGE (#F88017)	MEDIUMAQUAMARINE (#348781)	VIOLET (#8D38C9)
DARKORCHID (#7D1B7E)	MEDIUMBLUE (#152DC6)	WHEAT (#F3DAA9)
DARKRED (#E41B17)	MEDIUMORCHID (#B048B5)	WHITESMOKE (#FFFFFF)
DARKSALMON (#E18B6B)	MEDIUMPURPLE (#8467D7)	YELLOWGREEN (#52D017)

색상 이름	R	G	B
흰색(White)	255	255	255
밝은 회색(Light Gray)	160	160	160
회색(Gray)	128	128	128
은색(Silver)	64	64	64
어두운 회색(Dark Gray)	32	32	32
검정(Black)	0	0	0
밝은 노랑(Light Yellow)	255	250	205
밝은 오렌지(Light Orange)	255	239	213
노랑(Yellow)	255	255	0
금색(Gold)	255	215	0
오렌지(Orange)	255	127	0
갈색(Brown)	153	51	0
마룬(Maroon)	128	0	0
분홍(Pink)	255	192	203
빨강(Red)	255	0	0
크림슨(Crimson)	220	20	60
아쿠아(Aqua)	188	212	230
터콰이즈(Turquoise)	175	238	238
시안(Cyan)	0	255	255
밝은 파랑(Light Blue)	125	125	125
파랑(Blue)	0	0	255
어두운 파랑(Dark Blue)	28	57	187
밝은 녹색(Light Green)	208	240	192
라임(Lime)	191	255	0
녹색(Green)	0	255	0
어두운 녹색(Dark Green)	0	100	0
밝은 자주(Light Purple)	204	204	255
밝은 보라(Light Violet)	244	176	255
마젠타(Magenta)	255	0	255
보라(Violet)	127	0	255
자주(Purple)	128	0	128
인디고(Indigo)	75	0	130

내장함수표

내장함수	의미	내장함수	의미
sqrt(x)	$\sqrt{x}$	cbrt(x)	$\sqrt[3]{x}$
abs(x)	$\|x\|$	sgn(x)	부호함수
arg(x)	편각함수	conjugate(x)	켤레함수
floor(x)	가우스함수	ceil(x)	올림함수
round(x)	반올림함수	log(b, x)	$\log_b x$
exp(x)	e^x	ln(x)	$\ln x$
lg(x)	$\log_{10} x$	ld(x)	$\log_2 x$
sin(x)	$\sin x$	arcsin(x)	$\arcsin x$
cos(x)	$\cos x$	arccos(x)	$\arccos x$
tan(x)	$\tan x$	arctan(x)	$\arctan x$
sinh(x)	$\sinh x$	arcsinh(x)	$\mathrm{arcsinh} x$
cosh(x)	$\cosh x$	arccosh(x)	arccoshx
tanh(x)	$\tanh x$	arctanh(x)	$\mathrm{arctanh} x$
sec(x)	$\sec x$	sech(x)	$\mathrm{sech} x$
cosec(x)	$\mathrm{cosec} x$	cosech(x)	$\mathrm{cosech} x$
cot(x)	$\cot x$	coth(x)	$\mathrm{coth} x$
atan2(y,x)	아크탄젠트 2함수	erf(x)	가우스 오차함수
gamma(x)	$\Gamma(x)$	beta(a,b)	$B(a, b)$
gamma(a,x)	$\Gamma(a, x)$	beta(a,b,x)	$B(x; a, b)$
gammaRegularized(a,x)	$P(a, x)$	betaRegularized(a,b,x)	$I(x; a, b)$
psi(x)	$\Psi(x)$	polyGamma(m,x)	$\Psi^{(m)}(x)$
n제곱근(x, n)	$\sqrt[n]{x}$	소수부분(x)	소수부분
실수부분(x)	$Re(x)$	허수부분(x)	$Im(x)$
sinIntegral(x)	$Si(x)$	cosIntegral(x)	$Ci(x)$
expIntegral(x)	$Ei(x)$	random( )	난수함수
zeta(x)	$\zeta(x)$		

지오지브라 아이콘

List of Tools – Modes: filename and number

No.	filename	No.	filename	No.	filename
36	angle3pt	55	ellipse		pointin
9	anglebisect	58	fitline	44	polarline
46	anglesize	68	funcinsp	16	polygon
22	arc3pt	56	hyperbola	65	polyline
20	arccen	26	image	18	ray
49	area	61	input	59	recordss
70	attachpt	5	intersect	54	reflectcircle
60	button	2	line2pt	30	reflectline
52	checkbox	71	list	29	reflectpt
11	circle3pt	47	locus	51	regpoly
10	circlecenpt	19	midpoint	14	relation
34	circlerad	0	move	64	rigidpoly
53	compass	40	movedp	32	rotateang
72	complex	57	parabola	39	rotatept
12	conic	3	parallel	23	sector3pt
35	copystyle	62	pen	21	sectorcen
6	delete	8	perpbisect	15	segment
33	dilate	4	perpendicular	45	segmentlen
38	distance	1	point	24	semicircle

A A	28	showlabel
	27	showobject
a = 2	25	slider
	50	slope
	65	statcalc
	13	tangents
ABC	17	text
	31	translatevector
	7	vector
	37	vectorparallel
	70	vectorpoly
	41	zoomin
	42	zoomout
CAS MENU		
∂		cas_derivative
=		cas_evaluate
2(a+b) 2a+2b		cas_expand
15 3 · 5		cas_factor
$\int$		cas_integral
$\approx$		cas_numeric

3x = 6 x = 2		cas_solve
a 7		cas_substitute
STATS MENU		
		s_countcells
{•••}		s_createlist
1 2 3 4		s_creatematrix
1 2 3 4		s_createtable
✓		s_keepinput
1 2 3		s_maxcells
$\frac{\Sigma}{n}$		s_meancells
1 2 3		s_mincells
		s_multivarstats
		s_onevarstats
Σ		s_sumcells
		s_twovarstats

OTHER ICONS		
		undo/redo
		reset/trace
		rename/ copyinput
		properties
		saveset
		▷ Play
		axes/grid
		GeoGebra
htm	ggb	

유니코드표

유니코드표는 www.tamasoft.co.jp/en/general-info/index.html를 참고하라.

General Materials

Character Code Table: ASCII + High Ascii

Character Code Table: Shift-JIS (Japanese)

Character Code Table: Symbol

Character Code Table: Wingdings

Character Code Table: Wingdings 2

Character Code Table: Wingdings 3

Character Code Table: Webdings

Character Code Table: Unicode (hex)

Character Code Table: Unicode (decimal)

Entity Reference

Color Sample

Japanese

By Tama Software Ltd. 2007.

찾아보기

지오지브라 시리즈 7

지오지브라 명령어 **실행가이드북**

초판 인쇄 | 2015년 5월 1일
초판 발행 | 2015년 5월 6일

지은이 | 최경식 · 권태률
펴낸이 | 오판근
펴낸곳 | 교우사

주소 | 서울특별시 동대문구 약령시로 8 교우빌딩 2층
전화 | 925-2861(代), 편집부 | 925-2825, 홈쇼핑 | 969-5762
팩스 | 925-2860
이메일 | kyowoo@kyowoo.co.kr
홈페이지 | http://www.kyowoo.co.kr
북스토어(쇼핑몰) | http://www.kyowoo.co.kr
등록번호 | 1994년 3월 24일 제6-0256호

ISBN 979-11-251-0097-3 (94410)
978-89-8172-940-0 (세트)

값 **25,000** 원